Ron Steele
DIE HÖLLE PLÜNDERN...

Inhalt

Ein Wort des Verfassers

Dieses Buch wurde anläßlich der Einweihung des größten Zeltes der Welt geschrieben. Ich habe versucht, ein Bild des Mannes zu zeichnen, der hinter einem der größten Missionsprojekte steht, die je in Afrika, wenn nicht in der ganzen Welt, begonnen wurden. Er sieht nicht nur die furchtbare äußere Not Afrikas, sondern auch das geistliche Elend der vielen Millionen von kostbaren Seelen dieses Kontinents. Dies ist die Geschichte des Mannes, der es wagte, die Herausforderung anzunehmen, die lebensverwandelnde Botschaft von Jesus Christus zu denen zu bringen, die in einem Abgrund von Furcht und geistlicher Verödung gefangen sind.

Obwohl es sich hier um keine direkte Biographie handelt, habe ich doch versucht, einiges aus dem Leben des Mannes zu beschreiben, der den Glauben zu einer lebendigen Realität macht und der weiß, wie man Berge versetzt. Ich hoffe jedoch, daß es mir vor allem gelungen ist, sein Verlangen und seinen Eifer herauszustellen, Jesus zu erhöhen, die Person, die er mehr liebt als sein eigenes Leben.

Wenn Jesus nicht wirklich lebte, hätte die Geschichte dieses Buches keinen Sinn. Doch ich hoffe, daß meine Leser Jesus Christus als die zentrale Figur in diesem Buch sehen. Deshalb habe ich dieses Buch dem Mann gewidmet, der für mich starb — Jesus!

Ron Steele, Johannesburg 1984

1. Kapitel

Flucht

Ein junger Mann, beladen mit Gepäck und gefolgt von seiner Frau, die ein kleines Kind im Arm trug, kam die Gangway herunter. Die beiden hatten Mühe, nicht zu stolpern, da sie von den anderen Passagieren, die das Schiff verließen, gedrängt und geschoben wurden. Wind wehte über den Hafen von Durban, als Reinhard und Anni Bonnke mit ihrem sieben Monate alten Sohn Kai-Uwe Ende Mai 1967 den Boden Afrikas betraten. Als Reinhard ein wenig verunsichert am Kai stand und sich sehr fern von seiner Heimatgemeinde in Norddeutschland fühlte, hätte er sich nicht träumen lassen, welche Absichten Gott mit ihm hatte. Hätte er, so wäre der 27jährige Reinhard vielleicht mit seiner Familie gleich wieder an Bord gegangen, um nach Norddeutschland zu verschwinden und dort das ruhigere Leben als Gemeindepastor wieder aufzunehmen.

Damals hätte er nicht im Traum daran gedacht, daß er einmal vor großen Zuhörermassen überall auf der Welt den fast ein wenig prahlerisch klingenden Ruf erschallen lassen würde: „Für Jesus von Kapstadt bis Kairo!" Doch das lag noch in der Zukunft. Im Augenblick wurde der neue Afrika-Missionar von einigen Pastoren der „Apostolic Faith Mission" (kurz AFM) mit typisch afrikanischer Herzlichkeit willkommen geheißen. Seine erste Sorge galt seiner jungen Frau. Nachdem das Schiff den Suezkanal passiert hatte, wurde die See ziemlich rauh, und die im vierten Monat schwangere Anni mußte sich unter ständige medizinische Überwachung begeben. Für sie war Durban eine Erleichterung, bedeutete es doch, wieder in einem Bett liegen zu können, das nicht ständig schaukelte.

Als die Bonnkes nun das erste Mal durch Durbans Straßen fuhren, war ihnen nicht bewußt, daß dies der Anfang eines Missions-Abenteuers war, das so revolutionär und voller Wagnisse ist, daß mittlerweile in der ganzen Welt darüber gestaunt wird. Doch Gott hatte in das Herz dieses Mannes einen Schatz gelegt, der wie ein Diamant erst unter gewaltigem Druck und großer Hitze eines Tages den strahlenden Edelstein hervorbringen würde, von dessen Leuchtkraft Könige und Fürsten, reiche und arme Leute fasziniert sind. Wie bei einem Diamanten war dieser Schatz noch verborgen und nicht zu sehen. Es würde für den Heiligen Geist noch Jahre brauchen, um aus diesem Mann ein so kostbares und gewaltiges Werkzeug zu machen, daß manche es gewagt haben, ihn den Apostel Afrikas zu nennen.

Reinhard Bonnke kam nicht als Neuling nach Afrika, sondern war schon in Deutschland als Evangelist und auch als Pastor erfolgreich gewesen. Doch nun stand er als Missionar in einem der spannungsreichsten Kontinente der Erde; einem Kontinent, der viel Not leidet und in dem viele Länder von Revolutionen bedroht sind; ein Kontinent, der kaum Hoffnung hat. Welch eine Herausforderung!

Würden jetzt seine Jungenträume wahr? Diese Frage beschäftigte ihn in den kommenden Monaten und Jahren immer wieder. Es gab keinen Zweifel, daß Gott schon in der Vergangenheit eine ganze Reihe übernatürliche Signale an seinen Weg gesetzt hatte.

Der Anfang des Jahres 1945 war recht gefährlich, und Reinhards junges Leben war in großer Gefahr, als die Bonnke-Familie in Ostpreußen nur knapp der Gefangennahme durch die vorrückenden russischen Truppen entging. Reinhards Vater war während des 2. Weltkriegs Soldat, und Bonnkes wohnten in Stablack, das in den letzten Kriegsmonaten sehr unter den Kämpfen zu leiden hatte.

Seine Mutter, eine entschiedene Christin, glaubte, Gott würde sie in allen Gefahren schützen, wenn sie in ihrer Wohnung blieben. Doch als die Zustände in der Stadt immer schlimmer wurden, gelang es einigen deutschen Soldaten, sie zu überzeugen, daß Flucht besser sei. Die Flucht wurde schrecklich, aber gleichzeitig erlebten sie Wunder der bewahrenden Gnade Gottes. Es war schon gegen Abend, als die Mutter die Familie zusammenrief. Doch der Himmel war hell von den vielen Bränden und dem fortwährenden Aufleuchten explodierender Bomben und Granaten. Jedes der sechs Bonnke-Kinder (fünf Jungen und ein Mädchen) trug ein Bündel mit den persönlichen Habseligkeiten. Mutter Bonnke führte sie aus dem Haus und die Hauptstraße hinunter.

Es wurde ein verwirrendes Abenteuer, doch Reinhard kann sich nicht erinnern, Angst gehabt zu haben. Mutter Bonnke versuchte immer wieder, einen der schwer beladenen Armee-LKWs anzuhalten, die an ihnen vorbeifuhren, um mitgenommen zu werden. Doch da sie sich weigerte, sich auch nur von einem ihrer Kinder trennen zu lassen, war es nicht einfach. Endlich hielt ein Wagen an. Eine Stimme schrie aus dem dunklen Führerhaus, es sei nur Raum für drei Leute. Doch die Mutter überhörte einfach die Worte des Fahrers. Reinhard erinnert sich noch ziemlich lebhaft: „Mutter hob zuerst meine Schwester hinauf, dann mich, und anschließend die anderen Kinder, bis wir alle verstaut waren. Zum Schluß quetschte sie sich auch noch herein." Der alte LKW mit Holzvergaser-Motor machte ziemlichen Lärm, doch die Kinder waren bald in den Armen der auf dem Wagen sitzenden Soldaten eingeschlafen.

Als der Wintermorgen dämmerte, waren alle durchgefroren, schmutzig und hungrig. Immer wieder wurden die Nerven strapaziert, wenn russische Flugzeuge die LKW-Kolonne angriffen und Bomben oder Bordwaffen einzelne Wagen trafen oder Löcher in die Straße rissen. Rechts und links der Straße lagen häufig tote Menschen und Tiere. Reinhard hatte Mühe, all die schrecklichen Eindrücke zu verarbeiten, die auf ihn einstürmten. Tag und Nacht war der Geruch des Todes gegenwärtig.

Als die LKWs sie nicht weiter mitnehmen konnten, ging Mutter Bonnke mit den Kindern mehrere Tage zu Fuß weiter, bis sie wieder einen Wagen fanden, in dem Platz für sie war. Die weitere Flucht ging über das zugefrorene Haff. Da es schon Spätwinter war, begann das Eis zu schmelzen, und die Weiterfahrt wurde gefährlich, da sie immer damit rechnen mußten einzubrechen. Doch hier zeigte sich die treue Fürsorge Gottes, denn nur kurze Zeit nachdem sie das Eis überquert hatten, begannen die Russen damit, es zu bombardieren, so daß es an vielen Stellen riß und Tausende von Flüchtlingen und Soldaten ihr Leben in dem eisigen Wasser verloren.

Endlich erreichte die Familie durchnäßt und müde Danzig. Die Stadt war mit Flüchtlingen vollgestopft, denn der einzige weitere Fluchtweg von hier aus ging über die Ostsee. In Danzig trafen sie eine Tante und die Mutter von Frau Bonnke, die ebenfalls eine treue Christin war. Mit vielen Tausenden anderer Flüchtlinge warteten sie betend und hoffend auf ein Schiff, das sie sicher nach Westen bringen würde.

Die Bombenangriffe auf Danzig nahmen zu, und die Russen rückten näher. Endlich fanden Bonnkes mit anderen Flüchtlingen Raum auf einem alten Dampfer. Ehe das Schiff ablegte, lasen Großmutter und Mutter noch einen Bibelvers, der alle tröstete: „So spricht der Herr, der einen Weg durchs Meer bahnt, einen Pfad durch das gewaltige Wasser" (Jesaja 43, 16). Tief bewegt knieten die Frauen nieder, beteten und legten sich und die Kinder in die Hände Gottes.

Als das Schiff für die Flüchtlinge freigegeben wurde, hatte großes Gedränge begonnen, weil jeder gern mitwollte und der Platz längst nicht für alle reichte. Während sie noch zum Schiff drängten, begannen die Sirenen zu heulen und warnten vor dem nächsten Fliegerangriff. Die Bonnkes fragten sich, ob sie es je schaffen würden, an Bord zu kommen. Doch endlich hatten sie es geschafft und fanden ein Plätzchen unter Deck. Das Schiff dampfte hinaus in die Ostsee.

Nun begann eine Reise unter der Bewahrung Gottes. Mehrere Male wurden sie von russischen Flugzeugen angegriffen. Die Verhältnisse an Bord waren schlimm, weil das Schiff überladen war. Niemand hatte ein Plätzchen für sich allein. Viele wurden seekrank. Überall waren Seufzer und Stöhnen zu hören, und es gab nur wenige Augenblicke, in denen die Spannung unter den Flüchtlingen einmal nachließ. Eines Nachmittags erbebte das Schiff plötzlich unter einer mächtigen Explosion. Sie waren auf eine Mine gelaufen. Die Flüchtlinge wurden von Furcht gepackt, als sie sich in der Dunkelheit und Feuchtigkeit unter Deck aneinanderklammerten.

Würde die Flucht der Bonnkes nun in den Fluten der Ostsee ihr Ende finden? Mutter Bonnke hielt sich an Gottes Wort und tröstete die Kinder. Dann spürten sie, wie das Schiff langsam wieder in die normale Lage kam. Die Besatzung teilte den Flüchtlingen mit, daß es den Pumpen gelungen sei, die eindringende Wasserflut zu bewältigen. Reinhard berichtet, daß er noch heute die Pumpengeräusche hören kann, wenn er die Augen schließt und sich an jene Fahrt erinnert. Tag und Nacht arbeiteten die Pumpen, und allen an Bord klangen diese Geräusche wie eine himmlische Symphonie. ,,Gott wollte nicht, daß meine Knochen in der Ostsee verrotteten'', erklärt Reinhard, wenn er hin und her in Gottesdiensten von diesem Erlebnis berichtet.

Das Schiff schaffte es; und Besatzung sowie die Flüchtlinge stießen Freudenrufe der Erleichterung aus, als endlich die Küste Dänemarks in Sicht kam. Sie waren in Sicherheit. Zurückblickend auf die Flucht — die Luftangriffe und die Minenexplosion — kann Reinhard wirklich sagen, daß der Herr ,,einen Weg durchs Meer bahnte''.

Die Bonnkes waren in Sicherheit. Aber sie mußten noch dreieinhalb Jahre warten, ehe sie ihren Vater wiederfanden.

Reinhards Vater war 1923 mit 17 Jahren als Berufssoldat in die Armee eingetreten. Während Reinhards Mutter sich schon als junges Mädchen für Christus entschieden hatte, nahm die Bekehrung seines Vaters einen dramatischeren Verlauf. Es war ein Wunder nötig, um ihn zu überzeugen, daß Christus immer noch lebt und daß Gott Wirklichkeit ist. Er erkrankte an Tuberkulose und war sehr krank, als er zu einer Evangelisationsversammlung eingeladen wurde. Ehe er ging, sagte er, er wolle an die Wirklichkeit Gottes glauben, wenn er geheilt würde. Durch die Gnade Gottes wurde der junge Soldat geheilt, bekehrte sich und schloß sich der Gemeinde an. Später lernte er die junge Harmoniumspielerin der Gemeinde kennen und heiratete sie.

Als sich der Krieg dem Ende zuneigte, befand sich Reinhards Vater mit anderen Soldaten ebenfalls in Danzig, von wo aus seine Familie eine Zeit vorher mit dem Schiff nach Westen entkommen war. Ein einsamer Minensucher lag noch im Hafen, und eine beschränkte Anzahl von Plätzen war darauf noch verfügbar. Als sein Vater berichtete, er sei verheiratet und habe sechs Kinder, bekam er einen dieser Plätze. Dann verließ das Schiff als letztes den Hafen. Wenige Tage später wurden sie von einem britischen Kriegsschiff aufgebracht. Die Besatzung und alle anderen Soldaten an Bord gingen nach Kiel in ein britisches Kriegsgefangenenlager. In der Zwischenzeit lebten Mutter Bonnke und ihre Kinder in Dänemark, bis auch sie endlich in ihr vom Krieg zerstörtes Heimatland zurückkehren konnten.

Als der Vater aus der Kriegsgefangenschaft entlassen wurde, traf er Ende 1948 seine Familie im schleswig-holsteinischen Glückstadt wieder. Obwohl sie ihn mehr als vier Jahre nicht gesehen hatten, erkannte Reinhard seinen Vater sofort und rannte in seine ausgestreckten Arme. Der Vater war mittlerweile in den vollzeitigen Pastorendienst gegangen und diente nun in der Armee Jesu Christi. So war alles vorbereitet für Reinhards geistliche Entwicklung, und der Herr begann ihm auf direkte Weise persönlich in seinem jungen Leben zu begegnen.

DEN BÄUMEN GEPREDIGT

Im Jahre 1949, im Alter von neun Jahren, nahm Reinhard Jesus als seinen Erlöser an; seine gläubige Mutter führte ihn zum Herrn. Um seinen Entschluß aber auch öffentlich bekannt zu machen, ging er, als in der Gemeinde das nächste Mal zur Bekehrung aufgerufen wurde, nach vorn, so daß alle es sehen konnten, daß er Jesus sein Leben übergeben hatte.

Schon als Junge waren ihm die geistlichen Dinge besonders wichtig. Irgendwie hatte ihn Jesu Wort gepackt: „Trachtet am ersten nach dem Reich Gottes..." Er gibt bereitwillig zu, daß er, wie alle Kinder, Unsinn und Dummheiten machte, doch hat er schon als Junge die Verantwortung für sein Leben sehr ernst genommen, weil Jesus der Mittelpunkt seines Lebens war. Sport hat ihn nie sehr begeistert. Der Held seiner Kindheit war Jesus — und Er ist es heute noch. Man kann wohl sagen, daß Reinhards völlige Liebe vom Augenblick seiner Bekehrung an Jesus galt. Deshalb blieb einfach kein Raum für andere Dinge, und weltliche Zerstreuungen konnten ihn nicht von dem Erlöser ablenken, der für ihn gestorben war. Musik mochte er gern und lernte Klavier und Akkordeon spielen. Ein wenig verlegen gibt er zu, daß eines seiner Lieblingsspiele als Kind darin bestand, in den Wald zu gehen und den Bäumen zu predigen.

„Ein Freund und ich gingen im Wald zu einer Stelle, wo niemand uns sehen konnte. Dort haben wir unser Herz vor den Bäumen ausgepredigt. Ich muß zugeben, daß mein Freund immer viel besser predigte als ich", erzählt Reinhard. Doch später erwies sich, daß sein Kindheitsfreund nie den Weg zur Kanzel fand und nie wirklich eine Predigt hielt; doch der einst etwas schüchterne und zurückhaltende „Kind-Prediger" verkündigt heute mutig Gottes Wort vor großen Zuhörerscharen und ist einer der beeindruckendsten Evangelisten unserer Zeit.

Reinhards großes geistliches Interesse wurde nicht einmal von seinen Eltern ganz verstanden, obwohl der Vater Prediger einer Pfingstgemeinde war, in der man großen Wert auf geistliches Leben und geistliche Lehre legte. Die Eltern erwarteten von Reinhard zwar, daß er mit ihnen die Gottesdienste besuchte, doch an den Gebetsstunden brauchte er nicht teilzunehmen. Wenn Reinhard sich an jene Zeit erinnert, sagt er: „Zu den Wochentags-Gebetsstunden durfte ich nicht mitgehen, obwohl ich gerne wollte. Ich wünschte mir sehr, auch dabei zu sein. Als meine Mutter mich deshalb weinen sah, willigte sie ein. Noch nie hatte sie davon gehört, daß ein Junge weinte, weil er während der Woche nicht mit zum Gottesdienst gehen durfte."

14

In einer dieser Gebetsstunden geschah es zum ersten Mal, daß Gott ein wenig von dem sichtbar machte, was Reinhards künftiges Leben werden sollte. Es war die erste von vielen übernatürlichen Begegnungen, die seinen Lebensweg begleiteten und ihn dahin führten, daß er eines Tages begann, sich in den riesigen Weiten Afrikas dem Teufel mutig entgegenzustellen.

Während einer kleinen Hausversammlung hatte eine anwesende Besucherin durch den Dienst der Geistesgaben ein Gesicht, in dem sie einen kleinen Jungen sah, der Tausenden von schwarzen Menschen das Brot brach. Dann wandte sie sich Reinhard zu, der neben seinem Vater stand, und sagte: ,,Dies ist der kleine Junge, den ich im Gesicht gesehen habe." Reinhard war damals zehn Jahre alt.

Neben der Bibel las Reinhard besonders gern die Geschichten von Missionaren und fühlte schon bald den starken Drang, auch auf das Missionsfeld zu gehen. Manchmal konnte er auch Missionaren, die zu Besuch in die Gemeinde seines Vaters kamen, zuhören; und so stand sein Entschluß bald fest: Er würde auch Missionar werden, und zwar in Afrika! Für seine Eltern waren dies einfach die Lieblingsträume eines Elfjährigen; doch er hielt daran fest. Einige seiner Freunde in der Gemeinde neckten ihn damit und nannten ihn den ,,kleinen Missionar". Doch in Reinhards Herzen wuchs der Wunsch und die Absicht immer mehr.

Als Teenager hatte Reinhard einen seltsamen Traum. Wieder wurde der himmlische Schleier ein wenig beiseite geschoben und gab einen kleinen Blick in die Zukunft frei. In seinem Traum sah Reinhard eine Landkarte von Afrika, und darauf den Namen einer Stadt: Johannesburg. Reinhard meint dazu: ,,Ich muß bekennen, daß meine geographischen Kenntnisse von Afrika damals nicht allzugut waren. Als ich erwachte, holte ich sofort die Landkarte von Afrika herbei. Mich beunruhigte ein wenig, daß ich Johannesburg so weit im Süden des Kontinents gesehen hatte. Ich meinte, die Stadt müsse mehr in der Mitte Afrikas liegen. Doch der Herr weiß da besser Bescheid, hat Er doch unseren Planeten geschaffen. Und richtig — da fand ich Johannesburg genau an der Stelle, wo ich es im Traum gesehen hatte."

Der Traum brachte jedoch keine dramatischen Änderungen mit sich, das Leben ging weiter seinen gewöhnlichen Gang. Doch Reinhard, eifrig darauf bedacht, sich für seine künftige Missionsaufgabe vorzubereiten, suchte und fand einen Platz auf einer Bibelschule in Wales/Großbritannien. Seine Eltern und auch die Ältesten seiner

Gemeinde waren ein wenig erstaunt, weil er gerade auf diese Bibelschule gehen wollte, die durchaus nicht pfingstlich, sondern sehr konservativ-evangelikal war. Außerdem verwunderte es sie deshalb, weil Reinhard, mittlerweile 19 Jahre alt, die englische Sprache nicht beherrschte.

Trotz seiner Jugend ließ Reinhard alle wissen, daß ihm der Weg Gottes für sein Leben klar war. Zwar respektierte er alle, die ihn kritisierten, weigerte sich aber, sich von ihnen von dem vorgezeichneten Weg abbringen zu lassen. Alle, die während der Jahre näher mit ihm zu tun hatten, kennen diesen Zug in seinem Leben recht gut. An der Oberfläche erscheint er recht unbeschwert und immer bereit zuzuhören, doch darunter verbirgt sich eine stählerne Entschlossenheit, einen Weg, zu dem er sich einmal entschlossen hat, auch zu Ende zu gehen. Der erste Eindruck, den andere von dieser Entschlossenheit bekommen können, mag eine etwas verhüllte Form von Dickköpfigkeit sein; und da hat es Männer gegeben, die dies tatsächlich von ihm dachten, vor allem als er begann, sich mit Gottes Hilfe unter der afrikanischen Sonne seinen Platz zu schaffen. Als er dann einige Zeit später von Zelten zu reden begann, die viele Millionen kosten würden, begannen manche wohlmeinende Christen bedenklich den Kopf zu schütteln. Doch diese Entschlossenheit ist offensichtlich der Auslöser dafür, daß er jedem Goliath, der es wagt, ihn zu erschrecken oder einzuschüchtern, im Glauben furchtlos entgegentritt.

So packte Reinhard unerschrocken seine Koffer, legte seine vielgebrauchte Bibel sorgfältig zwischen die Hemden und machte sich auf die Reise über den Ärmelkanal. Wenn Reinhard heute manchmal daran zurückdenkt, sinnt er: ,,Warum hat Gott wohl einen Deutschen genommen, ihn zur Bibelschule nach Wales geschickt und dann als Missionar nach Afrika gesandt?! Das klingt wie ein ziemlicher Fruchtsalat.''

2. Kapitel

Glaubenslektionen

Die ersten drei Monate in der Bibelschule waren eine Quälerei. Er hatte geglaubt, er müsse all seine Arbeiten in Englisch schreiben, und hatte nicht gewußt, daß man ihm in der ersten Zeit gestattet hätte, mindestens die Hälfte davon, vielleicht sogar alle, in deutscher Sprache zu schreiben. Doch er quälte und kämpfte sich durch die englische Sprache und war erstaunlicherweise nach drei Monaten schon in der Lage, bei Wochenenddiensten ohne Übersetzer zu predigen. Doch es war ihm nicht leicht geworden. Während des Unterrichts hörte er mit größter Konzentration den Lehrern zu, und nachts saß er bei Kerzenlicht mit dem Wörterbuch neben sich und versuchte die englische Sprache zu packen.

Doch es hatte auch Vorteile, daß er zunächst nicht in der Lage war, Englisch richtig zu verstehen. Alle Regeln der Schule waren in Englisch angeschrieben, doch Reinhard verstand sie nicht; und deshalb brach er nach und nach so ziemlich alle. Einmal wurde er ernstlich von einem Lehrer ermahnt, weil er die Badewanne bis zum Rand mit Wasser gefüllt hatte, was verboten war — ein nicht zu übersehender Hinweis darauf hing im Badezimmer. Reinhard fühlte sich wohl in dem herrlichen warmen Wasser, wußte aber nicht, daß der Überfluß-Ablauf das Wasser in den Hof laufen ließ — und zwar genau über dem Haupteingang des Wohnhauses für die männlichen Schüler. Wegen seiner fremden Sprache war er auch in der Lage, im Gebet in Zungen zu sprechen, ohne seine Mitschüler oder die Lehrer zu ärgern. Sie glaubten, er bete in Deutsch.

Bald wurde ihm deutlicher, daß seine Entscheidung, in diese Bibelschule zu gehen, richtig war. Während des Unterrichts wurde ihm immer mehr bewußt, wie wenig er noch über das Wort Gottes wußte. Neue und wunderbare Wahrheiten taten sich ihm auf, als er sich in seine Studien hineingrub.

Eines der ersten Dinge, die er entdeckte, war, daß alle Mitarbeiter der Schule „im Glauben lebten". Das war neu für Reinhard, und seine Neugier war erwacht. Keiner der Mitarbeiter bezog ein vorher bestimmtes Gehalt. Sie erhielten alle Nahrung und Unterkunft, mußten aber für alles andere Gott vertrauen. Wenn die Köchin z. B. neues Gerät für die Küche benötigte, reichte sie keinen Antrag dafür ein, sondern betete darum und vertraute Gott, daß Er, was immer es auch war, es beschaffen würde. Zu Reinhards Überraschung schien dieses System zu funktionieren, und jeder schien damit zurechtzukommen. Die Mitarbeiter beteten für ihre Bedürfnisse, und immer, wenn sie erhielten, worum sie gebetet hatten, sagten sie: ,,Ich bin befreit worden.'' Das wurde schon bald zur stehenden Redewendung für die Studenten.

Eines Tages, als sich die Studenten im Speiseraum zu einer Gebetsstunde versammelten, betrat der Direktor den Raum. Eine der Regeln der Gebetsstunde war, daß keine Anliegen oder Appelle öffentlich bekannt gemacht wurden, sondern nur vor Gott. Die Studenten sollten selbst erfahren, daß Gott Gebete erhört. Doch an jenem Tag kam der Direktor herein und teilte mit, daß bis zum Wochenende 1000 englische Pfund benötigt wurden (etwa DM 6000,—), um die Rechnung für die Kohlen bezahlen zu können. ,,Ich möchte euch bitten zu beten, denn wir werden keinen Spendenaufruf machen'', sagte er. Eintausend englische Pfund waren 1960 viel Geld, und Reinhard dachte: ,,Ich bin gespannt, was geschieht?''

Am Wochenende kam der Direktor wieder zur Gebetsstunde und verkündete triumphierend: ,,Preis sei Gott, wir sind befreit worden!''

Dieses Erlebnis stärkte Reinhards Zuversicht in Gebet und Glauben. Von da an begann er ernstlich zu beten: ,,Herr, ich möchte ein Mann des Glaubens werden, wenn Du bereit bist, mir zu vertrauen.'' So wurde der Same des Glaubens in seinen Geist gepflanzt, und er beschloß, diesen Glauben sofort auf die Probe zu stellen.

Bis dahin war Reinhard finanziell ausreichend von seinen Eltern und den Gliedern seiner Gemeinde in Deutschland versorgt worden. Er erhielt Pakete und Geld, um die Schule zu bezahlen und hatte auch noch Taschengeld. Doch nun begann er Gott zu suchen und verlangte nach dem ,,wahren'' Glauben. Der Herr sprach deutlich zu ihm: ,,Wenn du wirklich ein Mann des Glaubens werden willst, dann gib all dein Geld einem Missionar, der die Schule besuchen wird; dann wirst du sehen, was Ich tun kann.''

Reinhard akzeptierte die Herausforderung voller Eifer und behielt nur ein Pfund Sterling zurück, „für den Fall einer Notlage". Dies brachte ihm einen schnellen Tadel des Herrn ein: „Siehst du, du gibst Mir keine Chance, ein Wunder zu tun. Wie kann Ich ein Wunder tun, wenn du für dich selbst sorgst? Du gibst Mir keine Chance." Es war ein ernster Augenblick, als die leise Stimme des Geistes in Reinhards Herzen widerhallte. Reinhard erkannte an jenem Tag das tiefsitzende Selbsthilfeprogramm, das in jedem Menschen ist und das alle für sich selbst sorgen läßt. Doch dabei wird Gott ausgeschlossen, weil Er keine Gelegenheit bekommt, Seine Macht zu beweisen.

Reinhard wagte den Sprung in das Glaubenswasser und gab all sein Geld. Obwohl nachher einige Gelegenheiten kamen, wo er fühlte, wie Zweifel ihn ergreifen wollten, lernte er doch mehr und mehr, daß ein Mann des Glaubens reichen Lohn erhält, und zwar nicht nur für sich selbst, sondern vor allem auch für das Reich Gottes.

Also begann er diesen Glaubensweg selbst zu probieren. Eine Gelegenheit dafür ergab sich, als er in einer „Sonnenschein-Ecke-Versammlung" am Strand sprechen sollte. Reinhard besaß nur eine halbe Krone; das reichte gerade für einen Rückfahrschein mit dem Bus. Doch er wollte gern einen Freund mitnehmen, einen holländischen Studenten mit Namen Tuinis. Er ging also in dessen Raum: „Tuin, laß uns gemeinsam zur Strand-Freiversammlung gehen."

„Ich kann nicht. Ich habe kein Geld", antwortete Tuinis.

„Na gut, ich habe genug Geld für zwei einfache Fahrscheine", sagte Reinhard.

„Und wie kommen wir zur Schule zurück?" fragte Tuinis.

„Wir wollen Gott vertrauen und sehen, was Er für uns tut. Wir bitten Ihn einfach, uns zurückzubringen", ermutigte Reinhard ihn.

Voller Begeisterung zogen die beiden los und bestiegen den Bus. Die Versammlung wurde ein Erfolg. Viele junge Leute lauschten aufmerksam dem Evangelium. Es war ein schöner Tag. Die See war ruhig, und Kinder spielten fröhlich am Strand, während viele Erwachsene am Ufer spazieren gingen. Doch Reinhard hatte nicht viel Zeit, die Urlaubsatmosphäre zu genießen. Die ganze Zeit betete er: „Herr, ich brauche eine halbe Krone für die Rückfahrt. Herr, ich stelle Dich nun zum ersten Mal auf die Probe, um zu sehen, ob Dein Wort wahr ist."

Während die beiden Studenten am Strand standen, erblickten

sie einen Pastor einer Gemeinde aus der Stadt, den sie beide kannten. Sofort dachte Reinhard: „Preis sei Gott, hier kommt unsere Befreiung! Wenn Gott zu jemand hier am Strand reden kann, dann sicher zu dem Pastor, denn er ist ein Mann Gottes."

Voller Freude begrüßten sie den Pastor, als er zu ihnen kam. Ihr Glaube wuchs, als dieser sie zu einer Tasse Tee in einem nahen Restaurant einlud. Während sie ihren Tee tranken und der Pastor einige seiner Erlebnisse erzählte, sandte Reinhard fortwährend SOS-Rufe zum Himmel: „Herr, nur eine halbe Krone. Rede doch zu diesem Mann. Nur eine halbe Krone."

Um die Situation herauszufordern, sagte Reinhard: „Unser Bus kommt bald, wir müssen gehen." Der Pastor rief den Ober und bezahlte. Zuschauer müssen die beiden Jungen für unanständig gehalten haben, weil sie so in die Geldbörse des Pastors starrten, während er bezahlte. Es waren mehrere Halbkronenstücke darin. Sicher würde er ihnen helfen. „Es war nett, euch zu treffen, Jungs. Studiert eifrig", sagte er und schüttelte ihnen die Hände. Das war's. Kein Geld!

Reinhard blickte ein wenig betrübt auf Tuin, und sie gingen langsam zur Bushaltestelle. Wolken des Zweifels wollten sich auf Reinhards Geist legen. Er hatte so sehr mit Gottes Eingreifen gerechnet, und nun...? Während er noch mit sich kämpfte, hörte er plötzlich hinter ihnen jemand rennen. Sie wandten sich um und sahen eine ältere Dame, ein wenig außer Atem, die sie nun fast umgerannt hätte. „Jungs", sagte sie, griff in ihre Handtasche und zog die Geldbörse hervor, „mir hat so gut gefallen, was ihr vorhin gepredigt habt. Hier, nehmt das!"

Damit drückte sie Reinhard zwei blanke Halbkronenstücke in die Hand. Fünf Shillinge! Reinhard und sein Freund strahlten sich an: „Preis sei Gott! Herr, Du bist treu!" Immer noch dankend eilten sie zum Bus und bezahlten den Fahrschein. Reinhard staunte über Gottes Güte, als er in seine Tasche faßte und die andere halbe Krone in die Hand bekam. Diese Münze mußte wohl im Himmel extra geprägt worden sein.

Dies war seine erste echte Gebetserhörung auf der Glaubensstraße. Die „Befreiung" war zwar nicht aus der Quelle gekommen, aus der er sie erwartet hatte, aber er lernte daraus eine der wichtigsten Lektionen des Glaubenslebens. Vertraue nie auf das, was scheinbar wie der offensichtliche Weg aussieht. Erwarte auch nichts von reichen Leuten. Denke nicht, weil sie großes Vermögen besitzen, werden sie zu deiner Not beisteuern.

Der Unterricht nahm seinen gewohnten Gang. Auch Reinhards Englisch wurde immer besser. Er merkte dies selbst, denn er konnte jetzt auch die Hausordnung lesen und verstehen. Die Lehrer versuchten nicht nur, den Studenten das nötige Wissen beizubringen, sondern bemühten sich auch, ihren Charakter formen zu helfen; dazu gehörte vor allem auch der Zerbruch des stolzen Eigenlebens. Das Personal der Schule war den rund 60 Schülern in diesem Punkt ein gutes Beispiel und Vorbild.

Reinhards Missionseifer wuchs, und das Leben im Glauben fesselte ihn. Bald wurde ihm klar, daß der Glaube praktiziert werden mußte, wenn er wachsen sollte, sonst würde er schnell wieder verkümmern. Man konnte nicht das ganze Leben auf der ,,Halben-Krone-Ebene'' stehenbleiben.

Als Reinhard wieder einmal im Gebet war, sagte ihm Gott ganz deutlich, daß er während der nächsten Ferien nach Deutschland fahren sollte. Das war nun wirklich eine Glaubensprobe. Er hatte keinerlei Geld, fuhr aber trotzdem nach Swansea zu einem Reisebüro und buchte dort die Deutschlandreise. Einige Tage vor Reiseantritt wurde er vom Reisebüro angerufen und aufgefordert, seine Tickets abzuholen. Er besaß noch immer keinen Penny und vertröstete den Anrufer: ,,Machen Sie sich keine Sorgen, ich werde rechtzeitig kommen.''

Der Reisetermin rückte immer näher, und Reinhard betete immer drängender: ,,Herr, Du hast gesagt, ich soll all mein Geld weggeben. Nun willst Du, daß ich nach Deutschland reise. Jetzt mußt Du auch für das Reisegeld sorgen. Ich werde sonst niemand etwas davon erzählen.'' Doch die Tage vergingen. Am Tag vor der Abreise flehte Reinhard: ,,Du hast nur noch eine Chance, Herr. Morgen vormittag vor 9 Uhr muß ich das Geld in der Post finden. Ich weiß sonst keinen anderen Weg. Bitte, Herr Jesus!''

Am nächsten Morgen hatte er keine Ruhe mehr. Schnell schlang er das Frühstück hinunter und lief dann rastlos durch den Korridor und den schönen italienischen Garten, der die Schule umgab. Er konnte nur an eins denken: Das Geld für die Reise. Punkt 9 Uhr rannte er zur Briefausgabe. Jawohl — da war ein Brief für ihn. Das mußte er sein. Sein Herz schlug schneller, als er ihn aufriß. Mit bebender Hand zog er den Inhalt heraus. Er erwartete, einen Scheck in der Hand zu halten. Doch welche Enttäuschung, es war nur ein Rundschreiben. Ihm war, als hätte man ihm einen Eimer Eiswasser auf den Kopf geschüttet.

Doch im Inneren schien etwas zu sagen: ,,Halte aus!'' Er versuchte seine Enttäuschung zu verbergen und ging schnell in sein Zimmer, um wieder zu beten. Als Reinhard auf den Knien lag, betrat Tuin den Raum und fragte, ob er mit ihm beten dürfe. Während die beiden zu Gott flehten, wurde vom Reisebüro wieder angerufen. In dringendem Ton wurde er gefragt: ,,Herr Bonnke, wann holen Sie Ihr Ticket? Ihr Zug geht pünktlich 13 Uhr!''

Reinhard stand mit dem Hörer in der Hand und blickte Tuin an. Dann sagte er ruhig: ,,Machen Sie sich keine Sorgen, ich komme zur rechten Zeit.'' Als er den Hörer zurücklegte, mußte er an seine eigenen Worte denken: ,,Keine Sorgen...'' Der Koffer war gepackt, das Ticket gebucht, alles war bereit — nur hatte er kein Geld. Ihm kam die Situation selbst unwirklich vor, als er in sein Zimmer zurückging, um weiter zu beten. Es wurde 10.30 Uhr, dann 11 Uhr. Reinhard wandte sich an seinen Freund und sagte: ,,Wir wollen in ein leeres Klassenzimmer gehen, dort können wir wenigstens laut beten. Während sie dort weiter beteten, drängte sich ein Chorus auf Reinhards Lippen, den sie oft sangen:

Da ist nichts zu schwer für Dich!
Nichts, nichts,
nichts ist zu schwer für Dich!

Ich vertraue allein auf Dich.
Vertraue, vertraue!
Ich vertraue allein auf Dich!

Es ist nie zu spät für Dich, lieber Herr!
Niemals! Niemals!
Es ist nie zu spät für Dich!

Während sie den letzten Vers sangen, erlebte Reinhard etwas, was ihm heute noch schwer fällt zu erklären. Der kleine Senfkornglaube, an den er sich geklammert hatte, wuchs und wuchs. Es war eine neue Glaubensdimension, in die er eingetreten war. Alles würde gut gehen, diese ruhige, göttliche Gewißheit erfüllte ihn. Während die Worte des Chorus noch in seinem Herzen nachklangen, sprang Reinhard auf und rief: ,,Das Geld ist da!'' Tuin blickte ihn ein wenig verwirrt an und fragte: ,,Wo?'' Ruhig erhielt er zur Antwort. ,,Ich weiß nicht. Aber ich weiß, daß es da ist!''

Sie sprangen auf und rannten durch den Garten zum Wohnhaus hinüber. Als sie eine große Hecke umrundeten, kam ein Mann auf sie zugerannt. Vor ihnen blieb er schwer atmend stehen, blickte Reinhard an und fragte: ,,Wieviel Geld brauchen Sie?'' Reinhard war vor Überraschung einen Augenblick stumm und sagte dann: ,,Gott weiß, wieviel, ich werde es nicht sagen.'' Der Mann zog aus seiner Tasche eine Handvoll Banknoten und drückte sie in Reinhards Hand. ,,Hier'', sagte er und ging davon, ehe Reinhard auch nur ein Wort sagen konnte.

Einen Augenblick stand er dort, als sei er in einer Traumwelt. Doch die Geldscheine in seiner Hand sagten ihm, daß er nicht träumte. Er zählte das Geld. Tuin zählte nach. Es war genau soviel, wie er für die Reise benötigte. Ins Zimmer laufen, den Koffer ergreifen und zum Bus rennen war eins. In fliegender Eile ging's zum Reisebüro, wo er sein Ticket bezahlte und eine neue wilde Jagd zur Bahnstation begann. Im Reisebüro sagte man ihm, er habe noch 15 Minuten bis zur Abfahrt. Doch er konnte den Zug gar nicht verpassen, nachdem Gott auf diese Weise für das Fahrgeld gesorgt hatte.

Erschöpft wie ein Marathonläufer kurz vor dem Ziel erreichte er den Bahnsteig. Das Zeichen zur Abfahrt war gegeben, und die Räder des Zuges begannen sich langsam zu drehen, als Reinhard eine Tür aufriß und in den anfahrenden Wagen sprang. Erschöpft ließ er sich auf den nächsten Sitz fallen. Doch seine Seele jubelte. Nun wußte er über alle Zweifel hinaus, daß Gott Gebete erhörte. Und wenn Er für den Unbekannten deutschen Bibelschüler in Großbritannien sorgen konnte, würde Er das auch tun, wenn Reinhard endlich nach Afrika kam.

Nach zwei Jahren bestand er erfolgreich die Prüfungen, und mit Bibel und Diplom unter dem Arm war er nunmehr bereit, die Welt für Jesus zu gewinnen, oder — um genauer zu sein — vor allem Afrika. Doch die Tür nach Afrika schien verschlossen zu sein. Gott zügelte seinen Eifer und führte ihn zunächst in Deutschland in den Evangelisationsdienst. Hier machte er auch die ersten Erfahrungen mit Evangelisationszelten, in denen er predigte. Während er unter dem Zeltdach stand und seinen Landsleuten das Evangelium predigte, ahnte er nichts davon, daß Zelte einmal das Markenzeichen eines der gesegnetsten und dynamischsten Evangelisationswerke der Welt sein würden.

Als Reinhard nach Flensburg ging, um dort mit der Hilfe eines zweiten Bruders eine Gemeinde aufzubauen, schien sein Traum von

Afrika immer mehr zu entschwinden; vor allem, als er Anni kennenlernte und sie bald darauf heiratete. Die Gemeindearbeit beanspruchte nun seinen ganzen Einsatz. Auch wurde im Jahre 1966 ihr Sohn Kai-Uwe geboren.

Doch Afrika ließ ihn nicht los, obwohl Gott ihn scheinbar nicht gehen lassen wollte. Als er seiner wachsenden Gemeinde mitteilte, was sein Ziel war, herrschte dort Kummer. Manche meinten, es sei nichts als Abenteuerlust, doch die meisten baten ihn, zu bleiben. Aber er war fest entschlossen, sich von nichts und niemand aufhalten zu lassen. Wieder einmal war es seine stählerne Entschlossenheit, die seinen Weg beeinflußte. Endlich, nach acht Jahren, öffnete sich die Tür, und Afrika war in Sicht. Der eigentliche Ruf seines Lebens begann sich nun zu erfüllen. Afrika wartete!

3. Kapitel

Erste Afrikaerfahrungen

Das erste Jahr in Südafrika wurde für Reinhard sehr schwer. Er tat Missionsdienst in Ermelo, wo seine Tochter Gabi geboren wurde. Reinhard war mit ganz bestimmten Vorstellungen über Missionsarbeit nach Afrika gekommen. Freiheit für seine Arbeit war ihm besonders wichtig, deshalb fiel es ihm nicht leicht, sich den Anweisungen eines Komitees zu fügen. Doch er biß die Zähne zusammen und gab sich Mühe. Da er nicht gern andere kritisiert, redet er nicht viel über sein erstes Jahr im Missionsdienst. Er lernte, seinen Vorgesetzten zu gehorchen, obwohl er nicht mit allem einverstanden war. Er wollte hinaus, um den Menschen Afrikas zu predigen; doch seine Vorgesetzten meinten, er brauche Zeit, sich an die neuen Verhältnisse zu gewöhnen und die Sitten und Gebräuche der Afrikaner kennenzulernen.

Der neue Missionar fühlte sich mit seinem Eifer in Südafrika wie eingesperrt und begann, sich mit dem selbständigen Swasiland zu beschäftigen. Dann erhielt er Gelegenheit, Maseru zu besuchen, die Hauptstadt des kleinen Staates Lesotho. Was er dort sah, bewegte ihn. Lesotho ist ein armes, gebirgiges Land, mit so gut wie keiner Industrie. Viele tausend junge Basotho-Männer gehen jedes Jahr in die Goldminen Südafrikas, um sich dort den nötigen Lebensunterhalt zu verdienen. ,,Ich fand dort ein Gefühl der Hilflosigkeit'', erinnert er sich.

An dem Abend, als er von Maseru zurückkehrte, war er voll innerer Unruhe. Ihm war innerlich klar, daß er etwas unternehmen mußte. Er wollte nicht länger in Südafrika bleiben. Aber wohin sollte er gehen? Vor allem wollte er den Weg gehen, der Gott gefiel. Unter keinen Umständen wollte er vom Willen Gottes abweichen, sondern wollte unbedingt im Plane Gottes bleiben.

Während er am nächsten Morgen in seiner Bibel las, fiel ihm besonders ein Abschnitt im Richterbuch auf, der ihn nach Lesotho zu weisen schien und außerdem den Segen Gottes für seine Aufgabe in diesem armen, vernachlässigten Land verhieß. Er wandte sich also an das Missionskomitee und erhielt die Zustimmung, nach Lesotho zu gehen. Man setzte offensichtlich Vertrauen in den jungen, eifrigen deutschen Missionar. Reinhard brannte vor Eifer, weil er nun Gelegenheit bekam, sich in die Arbeit zu stürzen. Bisher hatte er mehr in den Kulissen stehen müssen, nun durfte er die Bühne des rauhen Gebirgslandes Lesotho betreten.

Zunächst zog die Familie nach Ladybrand, einer kleinen Stadt unmittelbar an der Grenze nach Lesotho. Doch nachdem im Mai 1969 ihr drittes Kind, Susi, geboren war, zogen sie ganz nach Maseru, um unter den Menschen zu leben, mit denen sie arbeiteten.

In Lesotho fand Reinhard die gewünschte Freiheit und arbeitete in den nächsten sechs Jahren unermüdlich an der Evangelisierung des Landes. Es waren harte und mühsame Jahre. Die Kinder wuchsen heran; sein Sohn Kai-Uwe ging schon zur Schule. Zurückschauend auf Lesotho wird Reinhard diese Zeit wahrscheinlich die ,,mageren Jahre" seines Dienstes nennen. Trotz all seiner Anstrengungen — er zog in Lesotho mit dem Evangelium von Dorf zu Dorf, baute in der Hauptstadt Maseru eine feine Kapelle und begann einen Bibel-Korrespondenz-Kurs, durch den er Tausende von Menschen nicht nur in Lesotho, sondern auch in anderen afrikanischen Ländern erreichte — war Reinhard nicht recht zufrieden mit seinem Dienst. Das ist, glaube ich, der Dynamo, der in ihm arbeitet. Er ist ein Perfektionist und möchte immer noch mehr erreichen. Sein Herz möchte immer mehr von der Gnade Gottes ergreifen und stets aufs neue aus der endlosen Fülle Gottes schöpfen und darin leben.

Reinhard liebt die Herausforderung, obwohl er dies nicht leicht zugibt. In seinem Herzen ist er ein Abenteurer, der bereit ist, alles für Gott zu wagen, ganz gleich, wie schwierig die Sache auch sein mag. Andere Missionare hätten vielleicht ihre Erfolge in Lesotho gerühmt, doch Reinhard betrachtete seine Zeit dort mit kritischen Augen. Er prüfte seine Arbeit und auch sich selbst und kam zu dem erschütternden Ergebnis: Es war nicht gut genug. Er brauchte eine andere, größere Herausforderung, die zu bewältigen war. Was würde es sein? Nur Gott wußte es. Doch er war bereit, alles auf eine Karte zu setzen, Lesotho zu verlassen und nach Johannesburg zu gehen. Irgendwo in seinem Inneren war der Traum immer noch wach: Johannesburg. Wenn dieser Teenager-Traum von Gott war, mußte er nach Johannesburg gehen, der Goldstadt. Doch vorher hatte er eine sehr nahe Begegnung mit dem Tod.

Sorglos hatte er Wasser getrunken, das nicht abgekocht war. Er war an einem besonders heißen und wolkenlosen Tag über die staubigen Gebirgsstraßen gefahren, um einige schwarze Pastoren zu besuchen. Als er das kleine Dorf Koloniama erreichte, war sein Mund völlig ausgetrocknet. Ihm war, als habe er die ganze Sahara durchquert. Das kühle Wasser, das ihm angeboten wurde, kam ihm wie eine Oase in der Wüste vor. In durstigen Zügen trank er es.

Als er nachts nach Maseru zurückkehrte, fühlte er sich schrecklich krank. Zuerst meinte er, es sei eine ruhrartige Erkrankung. Doch am nächsten Morgen war es noch weit schlimmer. Er lag völlig erschöpft im Bett und bekam immer wieder hohe Fieberanfälle. Seine Frau saß neben ihm und betete. Seine afrikanischen Mitpastoren erhielten die Nachricht: ,,Der Moruti ist krank. Betet für ihn.'' Das Fieber wütete. Er wurde immer schwächer, konnte nicht mehr essen und nahm kaum noch wahr, was um ihn herum vorging.

Am dritten Tag hatte Reinhard eine seltsame Vision. Er lag mit offenen Augen im Bett und sah dabei ein schwarzes Tuch auf sich herunterschweben, das sich auf ihn legen wollte. Instinktiv wußte er: Das schwarze Tuch bedeutete Tod! Plötzlich bemerkte er, daß er durch das Tuch hindurchsehen konnte. Auf der anderen Seite sah er ein Gesicht — das Gesicht des Herrn Jesu. Trotz des Fiebers fühlte er, wie tröstende Ruhe ihn einhüllte, als er in Jesu Gesicht blickte. Dann geschah noch Seltsameres. Ihm wurde bewußt, daß jemand für ihn flehte und von ganzer Seele mit Gott rang und um sein Leben betete. Er kannte die betende Stimme: Es war die von Frau Elise Köhler, einer lieben, treuen und Gott hingegebenen Frau, die Glied der Gemeinde seines Vaters in Deutschland war.

Während er noch dem Gebet lauschte, zerfloß die Decke vor seinen Augen. Reinhard erinnert sich, daß er in einen ruhigen erholsamen Schlaf fiel. Das schreckliche Fieber, das an seinem Körper zehrte, verschwand langsam. Die Krise war überstanden. Reinhard würde leben, um weiter zu predigen.

Es waren noch viele Wochen bis zur endgültigen Gesundung nötig. Doch dann schrieb er einen Brief an seinen Vater und bat ihn, mit Frau Köhler zu sprechen und sie zu fragen, was sie an jenem Tag erlebt hatte, als er das ,,Todes-Tuch'' sah.

Die Antwort seines Vaters bestätigte Reinhards Vermutung. Schwester Köhler war an jenem Tag zeitig aufgestanden und wurde sofort vom Heiligen Geist gedrängt, für Reinhard zu beten. Während sie betete, wurde die Last auf ihrem Herzen immer größer, so daß sie erkannte, daß sie tatsächlich um sein Leben bat. Sie verbrachte buchstäblich den ganzen Tag im Gebet. Für Reinhard war es eine Bestätigung für die gewaltige Kraft des Gebets. Eine Frau in Deutschland betete. Sie war 10 000 Kilometer entfernt von der eigentlichen Not. Und doch konnte Gott dramatisch eingreifen, weil eine Frau treu und gehorsam war. Wenn immer Reinhard betet, ist es nicht einfach Gewohnheit, denn er hat die Macht des Gebets selbst bei vielen Gelegenheiten erfahren.

EIN AUTO VOLL HERRLICHKEIT

Aus der Lesothozeit sind zwei weitere Ereignisse wert, erwähnt zu werden. Beide hingen zusammen und gaben wiederum einen Blick frei auf Reinhards zukünftigen Dienst. Die erste Begebenheit macht ihn heute noch verlegen. Es ging um Geld, und die Sache endete mit einem Disaster.

In Maseru hatte Reinhard in einem Wäschereigebäude zwei einfache Büroräume gemietet. Gegenüber befand sich ein Geschäft, in dem man Möbel nach Katalogen bestellen und kaufen konnte. Einige der afrikanischen Pastoren kamen zu Reinhard und baten um Hilfe beim Möbelkauf. Reinhards Netto-Gehalt betrug 1970 nur etwa DM 600,— im Monat, was vielleicht gerade zum besseren Überleben reichte. Doch die Pastoren bedrängten ihn jedesmal, wenn sie in sein Büro kamen. ,,Wir können dort eine ganze Eßzimmereinrichtung für knapp DM 250,— erhalten. Kannst du uns nicht helfen?'' baten sie.

,,Sie brachten mich wirklich in Verlegenheit'', erinnert sich Reinhard. ,,Ich wußte, wie armselig die schwarzen Pastoren wohnten. Gewöhnlich bestand ihre ganze Einrichtung aus ein paar alten Möbeln. So betete ich: »Herr Jesus, Du sagst, wir sollen unser Herz nicht verschließen. Ich werde etwas tun, was ich noch nie getan habe. Ich werde Geld leihen, um es meinen lieben Brüdern, den Pastoren, zu borgen.« ''

Er nahm also ein Darlehen auf, und die Pastoren gingen und bestellten für knapp DM 2000,— Möbel. Als sie ihm erzählten, wie viele Möbel sie für dieses Geld bestellt hatten, schöpfte er Verdacht und fragte den Verkäufer, wieso er so billig verkaufen könne. Waren es etwa gestohlene Sachen? Der Mann versicherte, alles habe seine Ordnung. Also wurden die Verträge unterzeichnet und das Geld im voraus bezahlt.

Vier Wochen später flog der Handel auf. Die Möbel waren jenseits der Grenze, in Südafrika, mit Teilzahlungsverträgen gekauft worden, und der Verkauf in Lesotho war illegal.

Reinhard erhielt einen Anruf von Pastor Mphosi, einem der afrikanischen Pastoren, der ihm mitteilte, daß der Verkäufer sich über die Grenze davonmachen wollte. ,,Bitte, halte ihn auf. Geh zu einem Rechtsanwalt. Sonst verlieren wir unser Geld", bat der Pastor. Als Reinhard den Hörer hinlegte, war er recht mutlos. Er fragte sich, zu welchem Rechtsanwalt er gehen sollte? Er senkte den Kopf und betete: ,,Herr Jesus, Du bist mein Rechtsanwalt. Ich lege die Sache in Deine Hand."

Am nächsten Morgen wartete Pastor Mphosi schon vor seinem Büro: ,,Hast du mit einem Rechtsanwalt gesprochen?" fragte er.

,,Ja", antwortete Reinhard.

,,Mit welchem?"

,,Mit dem besten der Stadt."

Nach einer Pause fragte Mphosi: ,,Welcher ist es?"

,,Jesus", lächelte Reinhard.

Reinhard meint: ,,Sein Gesicht zeigte nicht sehr viel Gefühlsbewegung. Ich glaube aber, er war enttäuscht. Doch ich ruhte mit meiner Entscheidung in Jesus."

Der Möbelverkäufer verließ das Land, und die Pastoren gingen leer aus. Doch zwei Wochen später erhielt Reinhard eine Einladung, in Südafrika in einigen besonderen Versammlungen zu sprechen. Er hatte niemand etwas über den unglücklichen Verlust erzählt, weil er sich deshalb schämte. Doch nach einer Versammlung kam ein Mann zu ihm, drückte ihm einen Umschlag in die Hand mit der Bemerkung, dies sei eine Gabe zum persönlichen Gebrauch. Voller Erstaunen fand er in dem Umschlag genau die Summe, die er bei dem Möbelhandel verloren hatte. So konnte er das geliehene Geld zurückzahlen. Später meinte Reinhard lächelnd: ,,Das Wunderbare ist, daß mein Rechtsanwalt keinerlei Bezahlung für Seine Dienste nimmt."

Das zweite Ereignis hatte auch mit Geld zu tun, aber auf andere Weise. Wir lassen Reinhard selbst erzählen:

,,Ich hatte die Grenze überquert und fuhr durch die fast baumlose Ebene nach Bloemfontein. Mein Bibel-Korrespondenz-Kurs lief nun etwa fünf Jahre, und wir hatten rund 50 000 Teilnehmer. Doch die Sache war sehr teuer, und ich mußte immer versuchen, dafür noch extra Geld zu sammeln. Um Kosten zu sparen, kaufte ich immer 100 000 Umschläge mit einem Mal. Deshalb mußte ich stets warten, bis ich genug Geld hatte, um eine solche Menge bestellen zu können.

Während mein alter Mercedes-Diesel die Kilometer fraß, sann ich über den unglücklichen Möbelkauf nach und dachte: »Herr, eine Sache kann ich nicht verstehen. Hätte ich das Geld geliehen, um mich zu bereichern, verstünde ich, warum ich reingefallen bin. Doch Du weißt, Herr, daß ich es lieh, um den armen Pastoren, meinen Brüdern, zu helfen. Ich tat es um Deines Wortes willen, Herr, deshalb kann ich nicht verstehen, warum Du diesen Reinfall zugelassen hast.«

Was nun geschah, ist schwer zu beschreiben. Plötzlich war Jesus spürbar in meinem alten Auto gegenwärtig. Es war, als wäre mein Mercedes ein feuriger Wagen, der erfüllt war mit der Herrlichkeit und Gegenwart Gottes. Tränen traten in meine Augen. Ich glaubte im Himmel zu sein. Die geistliche Fülle, die ich in dem Augenblick erlebte, ist nicht in Worte zu fassen. Ich war mir nicht mehr bewußt, daß ich ein Auto steuerte, sondern fühlte mich eingehüllt in Gottes Herrlichkeit und in den Himmel versetzt. Das Möbelgeld verschwand aus meinem Gedächtnis. Ich hörte eine Stimme sagen: *»Der Mehltopf wird nicht leer werden und der Ölkrug nicht versiegen.«*

Als die Herrlichkeit wich, bemerkte ich zu meinem Erstaunen, daß ich immer noch in Richtung Bloemfontein fuhr. Langsam gewann ich meine Fassung wieder und hörte immer noch die Worte im Herzen: *»Der Mehltopf wird nicht leer werden und der Ölkrug nicht versiegen.«*

Mir war die Bedeutung klar: Ich hatte zwei Missionskonten bei der Bank und sagte: »Also gut, Herr ... eines ist der Topf und das andere der Krug. Meine Aufgabe ist es, auszugießen; und Du wirst die Aufgabe übernehmen, sie immer wieder zu füllen.« Dies geschah 1970. Seither bin ich mit den Aufgaben, die Gott mir in Afrika übertragen hat, noch nie in rote Zahlen gekommen. Wenn ich ein Konto manchmal überzog, entdeckte ich, daß dafür schon wieder unerwartete Spenden eingegangen waren.''

Diese beeindruckende Erfahrung liegt 15 Jahre zurück. Reinhard hat sich seither sehr angestrengt, den Topf und den Krug zu

leeren. Manchmal hat sein Buchhalter verzweifelt die Arme geho-
ben, wenn die Rechnungen wie Konfetti auf seinen Schreibtisch ge-
flattert kamen. Doch irgendwie konnten sie immer alle bezahlt werden, wenn es manchmal auch eine sehr schmale Gratwanderung ist.
    Reinhard geht keinesfalls leichtfertig mit dem Geld um. Auch
sich selbst leistet er nichts Außergewöhnliches. Ich habe ihn bei
mehreren Gelegenheiten sagen hören, er sei bereit, all seinen Besitz
für die Sache des Evangeliums zu verkaufen. Ich habe auch bemerkt, daß seine Frau Anni leicht die Augenbrauen hebt, wenn er
so etwas sagt. Weil er fest entschlossen ist, göttliche Aufträge auszuführen, strapaziert er manchmal die Geldbörse sehr. Als später
das große Zelt Gestalt annahm, wurde das zu einem besonderen
finanziellen Druck. Die Männer, die am Zelt arbeiteten, forderten
immer mehr und mehr Ausrüstung, und Reinhard konnte sich nicht
einfach taub stellen. Das große Zelt wurde die wichtigste Aufgabe,
so daß anderes manchmal etwas zurückstehen mußte. Doch trotz
aller finanziellen Engpässe steuert Reinhard immer wieder getrost
durch sie hindurch. Andere werden unruhig und besorgt. Doch
irgendwie hat man den Eindruck, daß alles gut geht, solange Reinhard irgendwo auf der Kanzel steht und predigt. Seine Ruhe inmitten von Finanzkrisen hat sicherlich viel mit jenem Erlebnis auf der
einsamen Straße nach Bloemfontein zu tun.

4. Kapitel

Nur ein Missionar

Nun folgte ein Ereignis, das Reinhards Dienst völlig verwandelte. Es war, als würde ihm Moses Stab in die Hand gedrückt oder Elias Mantel über die Schultern gelegt. Doch zunächst sah es wie ein großer Fehlschlag aus. Reinhard sah sich schon ausgelacht und nicht mehr ernst genommen.

In vielerlei Weise war Reinhard auch einer von vielen Missionaren, die sich unter Afrikas heißer Sonne abmühten. Menschen bekehrten sich und wurden getauft. Aber es blieb immer mühsam. Reinhard bemerkt: „Alle sagten, Lesotho sei ein besonders schwieriges Land. Ich stimmte von Herzen zu und wiederholte es auch bald. Dabei merkte ich nicht, daß ich mich damit selbst betrog. Ich betete ernstlich für einen großen Durchbruch, kam aber immer mehr zu der Überzeugung: Dieses Land ist zu schwierig. Hatten wir 50 Menschen im Gottesdienst, meinten wir, der Himmel sei auf die Erde gekommen, und ich dachte, die große Erweckung habe begonnen."

In seinem Inneren sehnte sich Reinhard nach mehr und Größerem; nach etwas, das die Menschen aus ihrer Gleichgültigkeit aufrütteln und zeigen würde, daß Jesus immer noch lebte, so daß Männer und Frauen sich in großen Scharen zu Christus als ihrem Erlöser wenden würden. Deshalb lud Reinhard eines Tages einen sehr bekannten Evangelisten ein, unter dessen Dienst auch viele Heilungen geschahen. Der Mann sollte zwei Gottesdienste in Maseru halten, am Samstagabend und am Sonntagmorgen.

Reinhard und seine Helfer waren ungeheuer begeistert. Die Druckmaschine arbeitete fleißig, um alle Handzettel und Plakate herzustellen. Es gelang ihnen sogar, in der Radiostation von Lesotho einige Sendezeiten zu bekommen. Die Plakate erzählten von Lahmen, die wieder gingen, und von Blinden, die sahen. Als die Zeit der Versammlungen näher rückte, wuchs Reinhards Glaube höher als der Berg Zion. Ganz Maseru redete von dem Ereignis. Als

Reinhard an jenem Samstag die Kapelle betrat, war sie überfüllt. Er jauchzte innerlich und war sicher, daß der lange erbetene Durchbruch nun gekommen war. Jetzt würden die abergläubischen Menschen, die so sehr auf Zauberei vertrauten, sehen, was Jesus tun konnte.

Reinhard stand auf dem Podium und blickte über das Meer von Gesichtern; dabei ergriff ihn eine tiefe Bewegung. Noch nie hatte er so viele Menschen in der Kapelle gesehen. Er war bewegt, als er die Lahmen sah, die sich durch den Mittelgang nach vorn schleppten. Einer kroch sogar auf Händen und Füßen herbei. Ach, zu erleben, daß diese Menschen durch die Kraft Gottes geheilt wurden, war das Verlangen seines Herzens.

Die Versammlung begann. Der Evangelist predigte ausgezeichnet. Doch es schien nicht die richtige Atmosphäre zu herrschen, denn es geschah kaum etwas. Tatsächlich wandte sich der Evangelist, als der Gottesdienst eigentlich noch längst nicht zu Ende war, an Reinhard und drängte ihn, die Versammlung zu schließen. Reinhard war wie erschlagen. ,,Das kann ich nicht tun'', erwiderte er. ,,Die Leute erwarten, daß du mit ihnen betest.''

,,Das tue ich nicht. Schließ die Versammlung'', forderte der Evangelist.

Reinhards Gedanken waren in Aufruhr. Hunderte von Augen blickten erwartungs- und hoffnungsvoll auf die beiden Prediger. ,,Also gut'', sagte er endlich. ,,Ich schließe die Versammlung. Aber du mußt versprechen, morgen vormittag für sie zu beten.'' Der Evangelist stimmte zu.

Reinhards Herz war schwer, als sie das Licht löschten und die Kapelle verschlossen. Alles schien bereit für die Erweckung. Die Erwartung in den Gesichtern der Menschen hatte das klar gezeigt. Als er zu Bett ging, wollte sich ein wenig Besorgnis in seinem Herzen ausbreiten. Doch morgen wird alles besser werden, dachte er.

Reinhard stand am Sonntag früh auf und machte sich fertig, um dann den Evangelisten von seiner Unterkunft abzuholen. Zu seinem Erstaunen traf er ihn in Reisekleidung und mit gepacktem Koffer. Er wollte gerade ein wartendes Auto besteigen. ,,Was geht hier vor?'' fragte Reinhard.

,,Ich fahre heim.''

,,Das kannst du nicht tun. Ich war schon einmal bei der Kapelle. Sie ist übervoll. Es sind noch mehr Menschen dort als gestern abend. Du kannst nicht gehen.'' Ein Unterton von Verzweiflung lag in Reinhards Stimme. Wie konnte dieser Mann ihn so schmählich im Stich lassen, wo die Kapelle so voll war und viele darauf warteten, daß mit ihnen gebetet wurde?

Der Evangelist blickte Reinhard direkt in die Augen. ,,Der Heilige Geist hat mir gesagt, daß ich gehen soll'', erklärte er.

Reinhard überlegte. Dies war natürlich ein Grund. Er antwortete: ,,Wenn der Heilige Geist dir das gesagt hat, dann hast du keine Wahl, sondern mußt gehen. Du kannst nicht dem Heiligen Geist ungehorsam sein. Gott segne dich, Bruder.''

Er blickte dem davonfahrenden Auto des Evangelisten nach und bestieg dann seinen eigenen Wagen. Er war erschüttert und schrie zu Gott: ,,Ich bin kein bekannter Prediger, sondern nur ein Missionar. Einer Deiner kleinen Leute. Aber ich werde jetzt predigen, Herr, und Du wirst die Wunder tun.''

In großer Verzweiflung fuhr Reinhard zur Kapelle. Er hatte keine Wahl, er mußte predigen. Innerlich weiter betend rief er seine afrikanischen Pastoren zusammen und berichtete ihnen, was geschehen war. Mutlosigkeit ergriff sie. Doch er schob die Proteste beiseite. ,,Ich werde predigen, und Gott wird Wunder tun'', sagte er mit einer Kühnheit, die ihn selbst überraschte.

Mit der Bibel in der Hand ging er zum Podium. Er wußte, was in den Köpfen vorging. In allen Augen lag dieselbe Frage: ,,Wo ist der große Mann Gottes?'' Reinhard blickte die Versammelten mutig an und sagte ihnen, daß der Evangelist abgereist war. Was würden sie tun? In der ersten Reihe entstand Unruhe. Zwei Männer erhoben sich und gingen. War dies das Signal für einen Massenauszug? Nein, sondern andere drängten sich an ihrer Stelle nach vorn. Alle saßen und warteten . . .

Er begann zu predigen. Und nun fiel die Salbung des Heiligen Geistes auf ihn. Nie zuvor hatte er die Kraft Gottes in solcher Stärke erfahren. Es wurde sogar etwas seltsam, als der Übersetzer mitten in der Predigt unter der heiligen Gegenwart und Kraft Gottes mit Tränen in den Augen zusammenbrach. Es sah ein wenig komisch aus. Da stand Reinhard, mit beiden Armen seine Argumente unterstreichend, und der Übersetzer lag auf dem Boden.

Während Reinhard nun schwieg und auf den Übersetzer wartete, hörte er in seinem Inneren ,,Worte'', die ihn fast sprachlos machten. Er hörte: *,,Meine Worte sind in deinem Mund genauso mächtig wie Meine Worte in Meinem eigenen Mund.''* Er überlegte fieberhaft, während die ,,Stimme'' den Satz wiederholte. Dann sah

Reinhard wie in einem Film die Kraft des Wortes Gottes. Gott sprach, und es geschah. Jesus hatte Seinen Jüngern gesagt, sie sollten zu dem Berg reden, und er würde im Meer verschwinden. „Mir wurde plötzlich klar, daß die Kraft nicht in meinem Mund ist, sondern im Wort Gottes", sagte Reinhard.

Der Übersetzer hatte sich wieder erhoben, und Reinhard predigte weiter. Wieder drängte ihn die Stimme des Heiligen Geistes: „Rufe alle, die völlig blind sind, und sprich das Wort der Autorität." Er glaubte selbst kaum, was er im Inneren hörte, wagte aber auch nicht, dem Heiligen Geist ungehorsam zu sein. Also rief er: „Wie viele völlig blinde Menschen sind hier?" Etwa ein halbes Dutzend erhoben sich.

In der Zwischenzeit kamen Reinhard Bedenken über sein Tun. Der Teufel flüsterte ihm ins Herz: „Was geschieht, wenn nichts geschieht?" Doch dann entgegnete er innerlich: „Ich werde tun, was Jesus mir sagt."

Als die Blinden sich erhoben hatten, wurde es ganz still. Alle blickten auf den Missionar. Reinhard wußte: Dies war ein Augenblick der Wahrheit — für ihn und für die Versammelten. Er blickte die armen Blinden an und erklärte mutig: „Ich werde jetzt mit Gottes Autorität zu euch sprechen, und ihr werdet einen weißen Mann vor euch stehen sehen. Eure Augen werden sich öffnen." Es schien wie ein modernes Berg-Karmel-Duell zwischen dem Diener Gottes, der Gott bat, Feuer vom Himmel fallen zu lassen, und den Propheten Baals, die zuschauten. Umgeben von Afrikanern, die fest an die Macht der Zauberei glaubten, wußte Reinhard genau, daß nicht nur sein eigenes Ansehen auf dem Spiel stand.

Reinhard atmete tief durch und rief: „Im Namen Jesu Christi, ihr blinden Augen, öffnet euch!" Die Lautstärke seiner Stimme erschütterte auch jene, die mit ihm auf dem Podium waren. Doch während die Worte noch von den Ziegelwänden widerhallten, hörte man eine andere Stimme; dieses Mal die einer Frau. Was sie schrie, zerbrach die Stille der Versammelten: „Ich kann sehen! Ich kann sehen!"

Eine Frau, die seit vier Jahren völlig blind war, sprang nach vorn, wo Reinhard stand. Ganz außer sich griff sie rechts und links nach Menschen, um damit zu demonstrieren, daß sie wirklich sehen konnte. Nun begannen die Versammelten zu schreien und zu hüpfen. Eine Frau kämpfte sich durch die Menge, stand vor dem Mikrophon und erklärte: „Ob ihr es glaubt oder nicht — ich kann sehen! Gebt mir etwas zu lesen. Ich kann wieder sehen!" Der Lärm in der Kapelle hatte Ähnlichkeit mit einem Sportstadion beim Pokalendspiel.

Eine junge Frau mit einem verkrüppelten Kind in den Armen versuchte nach vorn zu kommen. Da es ihr nicht gelang, reichte sie den kleinen Jungen über die Köpfe der anderen hinweg, bis er endlich zu Reinhard gelangte, der ihn in die Arme nahm. Als er auf das hilflose Kind blickte, betete er und spürte dann, wie Gottes Kraft durch den Kleinen strömte. Er sah, wie des Kindes Beine sich zu bewegen begannen. Erstaunt darüber stellte Reinhard den Jungen auf das Podium. Der Kleine stand einen Augenblick still und begann dann zu rennen. Seine verkrüppelten Beine wurden vor den Augen aller gerade, und er rannte nach rechts und links. Das Jubeln der Versammelten klang wie Ströme mächtiger Wassermassen.

Die Versammlung dauerte mehrere Stunden; es gab keine Möglichkeit für Reinhard, sie zu beenden. Er und die afrikanischen Pastoren beteten an diesem Morgen mit unzähligen Menschen, und der Gesang erfüllte die Kapelle mit Lobpreis. Jesus lebt! — und den Menschen von Maseru war es an diesem herrlichen Vormittag über alle Zweifel hinaus bewußt.

Nach dem Ende des Gottesdienstes, als die letzten Menschen endlich gegangen waren, blieb nur ein Mann zurück. Leise setzte er sich in eine Ecke, beugte das Haupt und betete: ,,Danke, Heiliger Geist, daß Du den großen Evangelisten fortgeschickt hast. Vielen Dank, weil nun niemand mehr sagen kann, der große Mann sei es gewesen; sondern alle sagen, Jesus war es, der die Wunder tat. So möchte ich Dir immer dienen, Herr." Reinhard Bonnke war in eine neue Dimension seines Dienstes für Jesus eingetreten. Er hatte echten Honig gekostet und würde nie mehr mit Ersatz zufrieden sein.

Mehr als alle anderen Erfahrungen ermutigte ihn dieses Ereignis, Lesotho zu verlassen. Ihm war nun klar, daß Gott ihn zu einem weitreichenderen Dienst berufen hatte. Wie Mose nach seinem Aufenthalt in der Wüste als Gottes gewaltiges Werkzeug zurückkehrte, durch dessen Dienst Gott das Volk Israel aus Ägypten befreite, so war der eifrige junge deutsche Missionar nun bereit, von der Wildnis Lesotho in das verheißene Land zu ziehen, das in seinem Fall einen ganz konkreten Namen hatte, nämlich den der Stadt Johannesburg.

Um seinen Wunsch, nach Johannesburg zu ziehen, zu verwirklichen, mußte Reinhard die damit zusammenhängenden Fragen mit den führenden Männern der „Apostolic Faith Mission" besprechen. Zu diesem Zweck reiste er in der zweiten Jahreshälfte 1974 mehrere Male in die Südafrikanische Republik. Während dieser Zeit begann der Herr ihn nach und nach von den Aufgaben zu lösen, die er bis dahin in Lesotho auszuführen hatte. Als er eines Tages nach Hause ging und sich Sorgen machte, wie er die Miete für sein Büro bezahlen sollte, sprach der Herr in seinem Herzen deutlich zu ihm: „Möchtest du, daß Ich dir 1 Million Rand gebe?" (Ein Rand war zu dieser Zeit etwa DM 3,80.)

Reinhard blieb überrascht stehen. Welch wunderbarer Gedanke war ihm da ins Herz gekommen? Voller Naivität glaubte er, mit soviel Geld könne er die ganze Welt für Jesus gewinnen. Doch dann erfaßte ein anderer Gedanke seine Seele; und ohne auf die anderen Fußgänger zu achten, hob er seine Hände empor und rief mit Tränen in den Augen: „Nein, Herr, gib mir nicht eine Million Rand, sondern gib mir eine Million Seelen, die ich dem Rachen der Hölle entreißen kann. Eine Million Seelen für den Himmel." Aus diesem Erlebnis entstand Reinhards mittlerweile berühmt gewordener Kriegsruf: „*Wir wollen die Hölle plündern und den Himmel bevölkern!*"

Reinhard war klar: Wenn dies Wirklichkeit werden sollte, mußte er umziehen. Deshalb besuchten die Bonnkes im Oktober 1974 das Hauptquartier der AFM in Johannesburg mit der Absicht, ihren Umzug endgültig durchzusprechen und ein neues Haus zu finden. Während sie durch einige Vororte von Johannesburg fuhren, kamen sie auch durch Witfield und bemerkten dort einige neue Häuser. Alle, mit einer Ausnahme, waren schon verkauft. Anni Bonnke erzählt: „Mir gefielen die anderen Häuser alle nicht. Das noch nicht verkaufte war genau das, was ich mir wünschte." Schnell entschlossen wurde das Haus gekauft, und die Bonnke-Familie zog kurz vor Weihnachten 1974 ein. Seither wohnen sie in diesem Haus.

Daß sie ein Haus gerade in Witfield fanden, zeigte wieder die Hand des Herrn. Als Reinhard den Ruf empfand, Lesotho zu verlassen und nach Johannesburg zu ziehen, sagte ihm der Heilige Geist auch, er solle in der Nähe des internationalen Flughafens von Johannesburg wohnen. Das Haus in Witfield liegt nur knapp zehn Autominuten vom Flughafen entfernt. Später wurde der Plan Gottes noch deutlicher. Als er nämlich ein Gelände kaufen wollte, auf dem das Hauptquartier von ,,Christus für alle Nationen'' entstehen sollte, fand er das dafür passende nur drei Kilometer von seinem Haus entfernt.

Doch die Planungen und Entscheidungen dieser Monate gingen nicht spurlos an ihm vorüber. Da er auf sich selbst nie Rücksicht nahm, arbeitete er oft bis an die Grenze physischer Erschöpfung. Während der letzten Wochen in Lesotho bemerkte Anni, wie ihr Mann in eine eigenartige Lethargie verfiel. Sein üblicher Eifer schien entschwunden zu sein. Sie glaubte, der bevorstehende Umzug sei die Ursache und hoffte, es würde sich wieder ändern, wenn sie erst in Witfield wohnten. Doch Reinhard selbst mußte sich eingestehen, daß er ein kranker Mann war. Für einen Mann, der nicht nur Erlösung für die Seele, sondern auch Heilung für den Leib predigte, ist es schwer, dies zuzugeben. Doch er fühlte sich krank, und seine diesbezüglichen Gebete schienen ohne Antwort zu bleiben.

,,Ich war so krank'', berichtet er, ,,daß ich nicht glaubte, es überstehen zu können. Mehrere Ärzte hatte ich aufgesucht, doch keiner konnte helfen. Ich schrie zu Gott: »Herr, was tust Du? Was ist Deine Absicht damit?« An einem Nachmittag packte mich ein starker Drang zum Gebet. Kaum war ich in meinem Büro auf den Knien, hatte ich eine wunderbare Vision. Ich sah den Sohn Gottes in voller Rüstung, wie ein General, vor mir stehen. Die Rüstung glänzte wie die Sonne und brannte wie Feuer. Es war gewaltig, und mir wurde klar, daß der Herr der Heerscharen zu mir gekommen war. Ich fiel auf mein Angesicht, lachte und weinte zugleich . . . Wie lange ich so gelegen habe, weiß ich nicht mehr. Doch als ich mich erhob, war ich vollkommen geheilt.'' Das geschah im Januar 1975. Und dieses Jahr wurde ein sehr bemerkenswertes für sein Leben, denn er begann eine außergewöhnliche Missionsarbeit in der schwarzen Millionenstadt Soweto, vor den Toren Johannesburgs. Und was noch wichtiger war: ,,Christus für alle Nationen'' wurde in diesem Jahr offiziell gegründet.

Zwar war der Name ,,Christ for all Nations'' (Christus für alle Nationen) schon 1972 eingetragen worden. Doch erst im Jahre 1975 begann er unter diesem Namen seine gewaltige Missionsarbeit, die ihn mittlerweile bis zu allen vier Enden der Erde gebracht hat.

5. Kapitel

Durchbruch in Botswana

Reinhard war immer bereit, neue Gelegenheiten wahrzunehmen, und hatte deshalb auch über Radio Lesotho das Evangelium verkündigt. Die Reaktionen darauf waren sehr ermutigend. Er war nach Accra in Ghana, nach Lusaka in Sambia und auch nach Swasiland gereist, um bei den dortigen Sendern Zeit für die Evangeliumsverkündigung zu kaufen und dabei auch seinen Bibel-Korrespondenz-Kurs anzubieten. Zehntausende von Menschen hatten bisher an diesem Kursus teilgenommen, und laufend kamen ermutigende Briefe, die berichteten, wie Menschen dadurch zu Jesus gefunden hatten.

Aus Lusaka in Sambia kam ein besonders bemerkenswertes Zeugnis. Ein Mann schrieb, er sei entschlossen gewesen, Selbstmord zu begehen. Mit seinem Auto fuhr er zu einem einsamen Platz, um dort mit einem Schlauch die Auspuffgase ins Wageninnere zu lenken und sich so zu töten. Als er alle Vorbereitungen getroffen hatte, setzte er sich bei laufendem Motor in den Wagen und schaltete das Radio an. Vielleicht meinte er, ein wenig Musik würde ihm das Sterben leichter machen. Doch da wurde er von dem gefesselt, was er hörte. Reinhards Stimme ertönte aus dem Lautsprecher und forderte ihn auf, sich zu bekehren und Jesus als seinen Erlöser anzunehmen. Der Mann tat es, entfernte dann schnell den Schlauch vom Auspuff und fuhr nach Hause, um seiner Familie von seinem neuen Freund, Jesus Christus, zu erzählen.

Reinhard war sich also der großen Möglichkeiten der Radiomission wohl bewußt und suchte nach immer neuen Gelegenheiten. Dies führte ihn auf einen Weg, der ein noch größeres Tor aufstieß. Seine Aufmerksamkeit richtete sich nämlich auf Botswana, ein weiteres Nachbarland Südafrikas. Es ist ein armes Land, das zum größten Teil aus der öden Kalahari-Wüste besteht, in der fast nur die Buschmänner gelernt haben, zu überleben. Doch Botswana besitzt eine starke Radiostation, die weit in die umliegenden Länder Namibia,

Sambia und Simbabwe hineinreicht. Um dieses Senders willen buchte Reinhard einen Flug zur Botswana-Hauptstadt Garborone.

Als sich das Flugzeug Gaborone näherte, sah Reinhard unter sich fast nur braunes ödes Land. Ein besonders grüner Fleck fiel ihm auf, während das Flugzeug zur Landung ansetzte. Es war Botswanas nationales Sport-Stadion. Doch da er sich nicht für Sport interessierte, bedeutete es ihm nichts. Wie konnte er wissen, daß er in diesem Stadion das Evangelium predigen würde?

Während er in der grellen Vormittagssonne durch die Straßen ging, passierte er das Stadion. Dabei blieb er, um seine eigenen Worte wiederzugeben, ,,wie angewurzelt stehen'', als er plötzlich ganz klar die Stimme des Heiligen Geistes vernahm: ,,Ich möchte, daß du hier Mein Wort predigst.'' Ihm war klar, daß er sich nichts einbildete, sondern daß wirklich der Heilige Geist zu ihm sprach. So antwortete er: ,,Herr, da Du es sagst, werde ich es tun. Ich habe mir schon immer gewünscht, in einem Stadion zu predigen. Ich vertraue Dir!'' Er fühlte, wie seinem Geist Glaubensflügel wuchsen. ,,Vielleicht ist dies der eigentliche Grund, weshalb Gott mich nach Botswana gebracht hat'', dachte er. Die heiße Sonne war vergessen, als Reinhard sein Ziel erreichte. Und bald hatte er eine lebhafte Unterhaltung mit dem Pastor der lokalen Gemeinde.

Seine Verhandlungen für Sendezeit im Rundfunk waren ihm nicht länger das Wichtigste, sondern er überfiel Scheffers mit der Neuigkeit, daß er eine große Evangelisation durchführen würde. Der Pastor war begeistert. Doch als Reinhard ihn bat, das nationale Sport-Stadion zu mieten, verfiel er in kühle Zurückhaltung. Sein Gesicht drückte starke Zweifel aus. Vielleicht überlegte er gar, ob seinem deutschen Bruder die Sonne doch etwas zu sehr zugesetzt hatte. Doch Reinhard wiederholte seinen Wunsch und bat ihn außerdem, für den Anfang der Evangelisation die Stadthalle zu mieten.

Der Pastor kratzte sich am Kopf und machte Reinhard so höflich wie möglich auf die örtliche Situation aufmerksam. ,,Aber zu unseren Sonntagmorgen-Gottesdiensten kommen im Schnitt 40 Besucher, und du willst das Stadion mieten...? Und vorher noch eine Halle? Bruder, überlege...''

Doch Reinhard unterbrach ihn mit einem Glauben, der dem anderen etwas überheblich vorgekommen sein mag. Er war entschlossen: ,,Miete bitte die größte Halle der Stadt und außerdem das Stadion. Ich werde in 30 Tagen mit einem Team zurück sein und die Evangelisation beginnen.''

Er beendete seine Verhandlungen und flog nach Johannesburg zurück, um ein Evangelisationsteam für Garborone zu organisieren. Sein Herz war voller Erwartung. Im Geist sah er sich schon im Sportstadion predigen.

Durch seinen unermüdlichen Eifer und die Kontakte zur AFM brachte er ein kleines Mitarbeiterteam auf die Beine, mit Pastor Richard Ngidi als Schlüsselmann. Ngidi war ein großer liebenswürdiger Zulu im mittleren Alter, der als Mitevangelist dienen sollte. Reinhard kannte ihn als einen Mann, den Gott schon vielfach gebrauchen konnte. Doch er wollte ihn nicht von sich aus ansprechen, weil er besorgt war, andere Missionare könnten dies als Eingriff in ihr Arbeitsfeld ansehen. Statt dessen betete er für die Angelegenheit. Einige Tage später nahm er an einer Jugendkonferenz teil. Als er den Saal betrat, bemerkte er Pastor Ngidi, der ihn zu sich winkte. Er erzählte Reinhard, es sei sein Wunsch, mit ihm zu arbeiten. Und so war das erste Team von ,,Christus für alle Nationen" komplett und reiste im April 1975 nach Garborone.

Die Evangelisation war in der Presse und durch Plakate in der ganzen Stadt bekannt gemacht worden. Pastor Scheffer hatte eifrig gearbeitet, so viele Menschen wie möglich zusammenzubringen. Als Reinhard sich am ersten Abend erhob, um zu predigen, blickte er in ungefähr 100 Gesichter. Die große Halle machte einen leeren Eindruck. Sie hatte Raum für 800 Besucher und das Stadion für 10 000! Doch der Pastor war voller Freude und hatte erwähnt, viel mehr Besucher seien nicht zu erwarten. Kein Gemeindeglied fehlte. Und mehr Menschen konnten sie kaum bewegen zu kommen.

Für Reinhard war dies eine Gelegenheit, seinen Glauben in Gottes Zusage zu erproben. Wie leicht hätten nun Zweifel in ihm aufkommen können. Doch er glaubte von ganzem Herzen an die Zusage Gottes, die er vor dem Stadion empfangen hatte. Er wußte, der Teufel war ein Meister im Bluffen; doch Gott hielt immer die letzte Trumpfkarte in der Hand.

Trotzdem bedurfte es viel Mut, in der fast leeren Halle Gottes Wort freudig und voller Glauben zu verkündigen, und noch mehr, seine Mitarbeiter zu ermutigen, daß Gott die Halle noch füllen würde. Er spürte, daß die Besucher hungrig nach Gott waren, und das stärkte seinen Glauben. Er predigte, Pastor Ngidi betete für die Kranken, und dann begannen Dinge zu geschehen. Hier und da sprangen Besucher auf und riefen: ,,In mir ist etwas geschehen! Ich bin geheilt!" Andere wurden so von der Kraft Gottes ergriffen, daß sie zu Boden fielen. Und so erstaunlich ging es Abend für Abend fort.

Obwohl sich alle im Team über das Wunder freuten, waren sie doch überrascht darüber, daß Menschen zu Boden fielen. Das war ihnen neu. Auch Reinhard machte sich darüber Gedanken. Als andere ihn nach einer Erklärung fragten, antwortete er: ,,Die Bibel spricht von Zeichen und Wundern. Es ist kein Wunder, wenn jemand umfällt, aber sicher ein Zeichen — ein Zeichen der Gegenwart Gottes." Und Gott war gegenwärtig. Reinhard hatte früher hier und da schon etwas von der Kraft des Allmächtigen erlebt. Doch hier geschah viel Größeres.

Am Ende der ersten Woche drängten sich in der Halle 2000 Besucher zusammen. Sie saßen buchstäblich aufeinander, auf dem Fußboden und hingen in den Fenstern. Eine Sardinenbüchse war ein Ballsaal dagegen. Die Menschen wurden angezogen von den Berichten über Heilungen und Wunder. Es war wie in den Tagen, als Jesus durch Galiläa ging und überall Wunder tat. Jesus, der große Wunderwirker, ging nun auch durch Garborone, und die Menschen drängten sich in Scharen herzu. Die Halle war so voll, daß Reinhard nicht vom Podium kommen konnte, um mit den Kranken zu beten. Man konnte nur noch eins tun: Ins Sportstadion gehen. Zum Glück hatte der Pastor soviel Glauben gehabt und das Stadion gemietet. Auch er war mittlerweile ein völlig verwandelter Mann.

Reinhard kam es fast wie ein Traum vor, als er das erste Mal das Stadion betrat. Tausende waren gekommen, um Gottes Wort zu hören. Jeden Abend kamen viele nach vorn, um Jesus anzunehmen, darunter eine große Anzahl Studenten der Universität. Als Ergebnis der Evangelisation ließen sich 500 Menschen im Wasser taufen. Dies alles geschah in weniger als zwei Wochen. Für Reinhard war dies die Erfüllung eines Traums, den er von Jugend an gehabt hatte. Er konnte vor großen Menschenmassen evangelisieren, und Gott tat gewaltige Wunder. Doch er hatte nie gewagt, davon zu reden, weil er fürchtete, als Angeber angesehen zu werden.

Ehe die Evangelisation zu Ende ging, gab es noch eine weitere geistliche Überraschung, die wie eine Bombe einschlug. An einem Abend im Stadion drängte der Heilige Geist Reinhard: ,,Bete für die Menschen, damit sie die Taufe im Heiligen Geist empfangen." Reinhard bat also einen seiner afrikanischen Mitarbeiter, den Zuhörern eine Bibelstunde über die Geistestaufe zu halten. Der Mann tat sein Bestes, doch es kam nicht allzu viel dabei heraus; und etwas sehr Wichtiges vergaß er völlig, nämlich vom Reden in anderen Zungen zu sprechen. Reinhard beschloß, selbst noch etwas zu diesem Punkt zu sagen. Doch als er sich erheben wollte, hielt der Heilige Geist ihn zurück: ,,Bleib sitzen, wo du bist'', sagte Er. Etwas enttäuscht aber gehorsam wartete er, was der Herr tun würde.

Als die Menschen aufgerufen wurden, kamen etwa 1000 von ihnen nach vorn. Im Augenblick, als sie ihre Hände emporhoben, war es, als explodiere etwas in ihrer Mitte. Innerhalb einiger Sekunden lagen alle, die eben noch gestanden hatten, flach auf der Erde. Und sie alle beteten und priesen den Herrn in neuen Zungen. Reinhard schaute voller Staunen auf diese heilige Unordnung. Noch nie vorher hatte er so etwas erlebt. Gewiß hatte er schon oft gesehen, daß Menschen mit dem Heiligen Geist erfüllt wurden und in Zungen sprachen. Aber noch nie eine so große Anzahl. Die Leute wußten gar nichts vom Zungenreden und waren auch nur sehr mangelhaft unterrichtet worden. Doch nun lagen sie hier auf dem Rasen und priesen Gott in neuen Zungen.

Tränen füllten Reinhards Augen, als er an die Verheißungen des Propheten Joel dachte, daß Gottes Geist auf alles Fleisch ausgegossen werden soll. Als er dort unter dem sternfunkelnden Nachthimmel stand und der Symphonie himmlischer Sprachen lauschte, betete er still: ,,Laß Deinen Geist in der ganzen Welt auf alles Fleisch fallen, o Herr!''

Als er Garborone verließ, traf er vor Gott eine neue Entscheidung: ,,Herr, ich habe Honig schmecken dürfen und werde nie mehr mit Sirup zufrieden sein. Kein Ersatz ist gut genug. Es ist dies oder gar nichts.'' Und der Herr antwortete: ,,Ich werde mit dir sein. Geh vorwärts!''

Reinhard war nun eindeutig klar, daß Gott ihm eine Vision für ganz Afrika gegeben hatte. Beschaut man sich diesen Kontinent mit seiner Größe, seinen politischen Verwirrungen und dem Heidentum, so ist dies genug, den Glauben jedes Menschen zu erschüttern. Reinhard wußte aus seinen Erfahrungen in Lesotho, daß den Herausforderungen Afrikas nur in der Kraft des Heiligen Geistes begegnet werden konnte. Alles, was weniger war, würde versagen müssen.

Der Weg für seinen weiteren Dienst war nun klar. Es war für ihn nicht mehr die Missionsarbeit, sondern die Aufgabe eines Massenevangelisten. Da er diesen Dienst als seinen Ruf von Gott ansieht und darin offensichtlich auch durch das Wirken Gottes bestätigt wird, muß man auch verstehen, wenn er am Schluß einer Versammlung immer wieder fragt, wie viele Menschen anwesend waren. Große Zahlen faszinieren ihn. Aber nicht um seiner selbst willen, sondern um der Sache Gottes und seines Auftrags wegen. Er sagt: ,,Die Öffentlichkeit ist nicht an Bildern von einer Handvoll Leute interessiert. Große Massen beeindrucken. Wenn die Menschen nicht mehr in Scharen zu uns kommen, sollten wir beginnen, uns ernstlich zu prüfen.''

Doch niemand sollte meinen, daß er nur glücklich ist, wenn er zu vielen Tausenden sprechen kann. Ebenso ernst nimmt er seine Aufgabe in kleinen Gemeinden oder bei kleinen Frühstücksempfängen wie vor 50 000 Menschen.

6. Kapitel

Soweto — der arme Lazarus

Zur gleichen Zeit des Durchbruchs zur Massenevangelisation in Botswana nahm ein anderer großer Plan Gestalt an. Reinhard kann viel Arbeit bewältigen, und es ist kein Geheimnis, daß er sich für Jesus aufopfert. Während er sein Team für Garborone zusammenstellte, begann er gleichzeitig eine andere ungewöhnliche Arbeit in der großen afrikanischen Wohnstadt Soweto, die sich riesenhaft am Rand von Johannesburg ausbreitet. Der Herr hatte kurz nach seiner dramatischen Heilung mit ihm über Soweto gesprochen und klar gesagt: ,,Soweto ist wie der arme Lazarus vor dem Tor des reichen Mannes Johannesburg. Du darfst es nicht übersehen, sondern mußt etwas für diese Stadt tun.''

Der Name Soweto ist heute in vielen Teilen der Welt bekannt wegen seiner armen sozialen Verhältnisse und seiner Aufstände. Reinhard ahnte nicht, daß Soweto 18 Monate nachdem Gott ihm den Auftrag gegeben hatte wieder Schlagzeilen in der Weltpresse machen würde.

Zu der Zeit, im Jahre 1975, gab es in Soweto noch keine Elektrizität. Die Straßen bestanden aus Staub und Steinen oder aus Matsch und Schlamm, wenn es regnete. Die eintönigen kleinen grauen Häuser machten es zu einem trostlosen Ort. Mehr als 1,5 Millionen Menschen leben hier. Die Häuser sind überfüllt mit Familienangehörigen, die ihre Hütten im Busch verlassen haben und in die Goldstadt Johannesburg gekommen sind, um hier Arbeit und einen höheren Lebensstandard zu finden. Oft wohnen mehr als 15 Menschen in einem kleinen Haus mit drei Zimmern und Küche.

Wegen der großen Arbeitslosigkeit ist die Kriminalität hoch. Schnapsbuden und illegale Kneipen finden sich überall in der riesigen Stadt. Drogenverkäufer suchen Kunden, und wenn die Sonne untergegangen ist, schleichen Mörder, Räuber und Männer, die Frauen überfallen und vergewaltigen wollen, durch die Straßen. Nein, Soweto ist kein Schmuckstück — und doch wohnen hier

Hunderttausende von ehrlichen Menschen, die in den umliegenden Städten ihre Arbeit haben. Trotz der sozialen Probleme, Kriminalität und des immer noch hohen Einflusses der Zauberdoktoren hat auch Soweto einen Platz in Gottes Erlösungsplan. Und für Reinhard war klar, daß Gott dort viele tausend Menschen retten wollte. Denn inmitten all dieses Elends schrien Herzen zu Gott um Erbarmen.

Um sein Ziel zu erreichen, griff Reinhard auf die Fahrrad-Evangelisation zurück, die er schon in Lesotho erfolgreich erprobt hatte. Der Einfall war ihm eines Tages gekommen, als er sich in seinem bescheidenen Haus in Maseru in einem Sessel ein wenig ausruhte.

Im Glauben hatte er dann eine Fahrrad-Mannschaft aus christlichen Mitarbeitern aufgebaut, die hingegebene Zeugen Jesu waren. Er hatte sie mit Bibeln, Liederbüchern und anderer christlicher Literatur versorgt; und sie waren hinausgefahren in die einsamen Bergdörfer Lesothos, um diese Druckerzeugnisse zu verkaufen und ihr Zeugnis zu geben. Einige waren sogar zu Pferde aufgebrochen, um die entlegensten Dörfer zwischen den hohen Felsen der Maluti-Berge zu erreichen. Sie hatten auf Kommissions-Basis gearbeitet, und obwohl der Verdienst nur klein war, kam dadurch doch in einem Land, in dem es kaum Arbeit gab, ein wenig Geld in die Hand der Christen. Reinhard hatte eine große Landkarte in seinem Büro aufgehängt, auf der auch das letzte Dorf noch eingezeichnet war. Er freute sich immer wieder, wenn seine ,,Verkäufer" ihm berichteten, wie durch diesen Dienst kostbare Seelen zu Jesus kamen.

Diese Strategie wollte er nun auch in Soweto anwenden. Gedrängt vom Heiligen Geist führte Reinhard den göttlichen Auftrag genau aus. Gott sagte ihm, er solle 100 Fahrräder kaufen. Diese wurden vorn mit einem großen Gepäckträger ausgerüstet, der mit Büchern gefüllt war. Diese Zeugen des Evangeliums sollten mit ihren Fahrrädern von Haus zu Haus und Straße zu Straße fahren und den Menschen Gottes Wort in Form von Literatur, durch persönliches Zeugnis und auch dadurch, daß sie mit den Kranken beteten, bringen.

Es war ein packender Auftrag. Einige Zeit erzählte er niemand von dieser Vision für Soweto, nur seiner Frau. Doch im Herzen trug er die Gewißheit, daß bald etwas geschehen würde. Er müßte nur Geduld haben und warten, bis Gott Menschenherzen bewegen konnte, die sich für diese Aufgabe in Soweto zur Verfügung stellten. Lange brauchte er nicht zu warten. Menschen kamen zu ihm oder riefen an. Manche von ihnen waren ihm bis dahin völlig fremd. Doch alle stellten die gleiche Frage: ,,Brauchst du für deine Missionsarbeit Fahrräder?'' Bald hatte er genug Geld zusammen, um 15 dieser Spezialfahrräder zu kaufen.

Sehr ermutigt und erstaunt, wie schnell dies alles ging, erwähnte Reinhard zu seiner Frau: ,,Es sieht so aus, als würde Gott uns kräftig schieben; so, als wäre diese Sache sehr eilig.'' Die Aufgabe drängte tatsächlich mehr, als er dachte, doch davon hatte er zu dieser Zeit keine Ahnung. Da ihm aber klar war, daß die Sache Eile hatte, sprach Reinhard von seinem Auftrag, Soweto mit 100 Fahrradevangelisten zu erreichen, in einer Gemeinde in einem der reichen, von Weißen bewohnten Vororte von Johannesburg, obwohl er eigentlich immer sehr zurückhaltend ist, wenn es um finanzielle Angelegenheiten geht. Seine Einstellung dazu ist eher, den Gläubigen einen Blick für die Bedürfnisse des Reiches Gottes zu geben und es Gott zu überlassen, ihnen die nötige Opferbereitschaft auf das Herz zu legen. Er ist immer fest davon überzeugt, daß Gott ihm all die Mittel geben wird, die er für seine Aufgaben braucht.

Auch als er im Jahre 1975 in jener Gemeinde von seinem Plan für Soweto sprach, war er sehr vorsichtig mit seinem finanziellen Appell. Um so mehr freute er sich, als nach dem Gottesdienst ein Mann zu ihm kam und fragte: ,,Wieviel Geld brauchst du noch für dein Projekt. Wie viele Fahrräder sind noch nötig?'' Voller Freude übersprudelnd erzählte Reinhard ihm, er brauche noch 85 Stück, jedes zu 100 Rand, was also insgesamt 8500 Rand ausmache (etwas mehr als DM 30 000,—). Der Mann überlegte einen Augenblick und versprach dann: ,,Ich werde dir das Geld für alle Fahrräder geben.''

Auf dem ganzen Heimweg jauchzte Reinhard voller Freude immer wieder Hallelujas. Voller Erwartung besuchte er schnellstens die Fahrradfabrik, handelte einen guten Preis aus und unterschrieb den Vertrag. Als er die Fabrik verließ, jubelte sein Herz. Doch ganz schnell sollte sich das ändern. Daheim angekommen, beschloß er, den großzügigen Spender anzurufen und ihm den Preis mitzuteilen, den er für die Fahrräder ausgehandelt hatte. Während er ihm noch berichtete, wurde er von dem Mann unterbrochen: ,,Es tut mir leid, aber mein Versprechen war ein Irrtum. Ich kann dir kein Geld geben.'' Reinhard war, als hätte man ihm einen Schlag versetzt. Er fragte sich, ob der andere scherzte. Doch dem Mann war es ernst.

Reinhard hielt nun einen unterschriebenen Vertrag für 85 Fahrräder in der Hand und keinen Pfennig, womit er sie hätte bezahlen können.

Doch nun erwies sich wieder einmal seine feste und ruhige Entschlossenheit, die aus seiner totalen Abhängigkeit von Gott erwuchs. Manche andere hätten wohl nun versucht, den Mann auf sein Versprechen festzunageln. Doch Reinhard tat dies nicht. Er berichtet: ,,Ich sagte ihm, daß mir seine Freundschaft weiterhin wertvoll sei; und wenn er nicht in der Lage sei Gott zu vertrauen, sollte er mir zutrauen, daß ich Gott vertrauen würde.'' Er bemüht sich immer, sich keine Feinde zu machen und trägt nie jemand etwas nach.

Als Reinhard nun überlegte, was er tun sollte, fand er auch keine Hilfe bei anderen sogenannten Freunden. Einige von ihnen waren wohl enge Verwandte von Hiobs drei Freunden und Tröstern, denn als sie von Reinhards Mißgeschick in der Fahrradangelegenheit hörten, begannen sie ihn zu kritisieren und zweifelten an seinem Auftrag für Soweto. In den nächsten Tagen hörte er Bemerkungen wie: ,,Wir waren immer überzeugt davon, daß die Sache ein Fehler ist.'' ,,Dieses Mal war der Bissen zu groß; wir wußten, daß du daran ersticken würdest.'' Einer fragte: ,,Warum ausgerechnet 100 Fahrräder? Ist das eine magische Zahl?'' Reinhard antwortete: ,,Überhaupt nicht, sondern es ist einfach Gottes Zahl, das ist alles.''

Doch wenn Reinhard eine Sache einmal als Gottes Willen erkannt hat, machen ihn Schwierigkeiten nur entschlossener. Er sieht darin die Versuche Satans, das Werk Gottes zu hindern. So hielt er auch diesmal an seinem Plan fest, und innerhalb der nächsten vier Wochen begannen die Geldmittel zu fließen. Er fuhr fort, anderen Christen von seinem Auftrag für Soweto zu erzählen, und viele wurden davon angesprochen und halfen ihm. Sie gaben so reichlich, daß er nicht nur die 8500 Rand erhielt für die Fahrräder, sondern daß für diese Arbeit, dank der großzügigen Opferbereitschaft von Christen aus Deutschland, noch weitere 22 000 Rand auf seinem Konto eingingen. Reinhard hatte bei einem kurzen Besuch in seinem Heimatland auch dort von seinem Fahrradplan für Soweto berichtet.

So begann die Operation Soweto mit nahezu militärischer Planung. Anhand einer großen Straßenkarte von Soweto und mit 100 dafür ausgebildeten christlichen Mitarbeitern setzte sich die Fahrradbrigade Soweto in Bewegung, um das Evangelium in jede Ecke der riesigen schwarzen Stadt zu tragen. Reinhard wurde dabei besonders von Pastor Johan Venter unterstützt. Die Fahrradevangelisten verrichteten eine ungeheure Aufgabe und arbeiteten acht Monate viele Stunden pro Tag, bis das Ziel erreicht war.

Und dann geschah es: Der letzte Evangelist hatte kaum sein Fahrrad abgeliefert, weil der Auftrag beendet war, als Reinhard die Nachricht erhielt: „In Soweto herrscht Aufruhr!" Das war im Juni 1976. Die Rebellion wurde so groß, daß starke Polizeikräfte in Soweto einrückten und sogar die Armee alarmiert wurde. Autos und Busse wurden zertrümmert und verbrannt, und für mehrere Wochen regierte die Gesetzlosigkeit. Tausende von Arbeitern kamen nicht zur Arbeit, weil sie sich nicht auf die Straßen wagten. Heftige Auseinandersetzungen der Aufrührer mit der Polizei fanden statt, bei denen es viele Tote gab. Nachts war der Himmel südwestlich von Johannesburg rot wegen der vielen Brände.

Nun wußte Reinhard, weshalb Gott so gedrängt hatte und warum 100 Fahrräder nötig waren. Mit weniger wäre der Plan in der zur Verfügung stehenden Zeit nicht auszuführen gewesen. Es war so erstaunlich, daß einige Leute zu ihm kamen und fragten: „Hast du vorher von dem Aufruhr gewußt?" Reinhard sagt, er habe aus der Soweto-Arbeit sehr viel gelernt und fragt: „Was wäre, wenn ich nicht gehorcht hätte oder hätte mich mit weniger Fahrrädern zufrieden gegeben? Ich war entschlossener als je, Gott immer zu gehorchen und Seine Aufträge nie in Frage zu stellen."

Außerdem lernte er dabei auch noch, daß er sich nie bei der Finanzierung eines Projektes auf einen einzelnen Menschen verlassen sollte. In seiner Enttäuschung über die Absage des Mannes wurde Reinhard sehr ermutigt, als er am nächsten Tag den Besuch einer älteren Christin erhielt, die ihm das Geld für ein Fahrrad gab und dazu sagte: „Jeden Tag werde ich an den Mann denken, der mit diesem Rad in Soweto von Tür zu Tür geht. Ich werde ständig für ihn beten." Reinhard wurde dadurch klar, daß Gott nicht nur Fahrräder und Evangelisten benötigte, sondern auch Menschen, die diese Sache im Gebet trugen. Und diese Fahrradevangelisten hatten Gebet wahrhaftig nötig, denn Soweto war ein harter Boden, und es würde viel Mut brauchen, dort das Evangelium von Haus zu Haus zu tragen.

Ein Evangelist erzählt eine packende Geschichte. Er war schon den ganzen Tag auf staubigen Straßen unterwegs und betrat nun ein weiteres Haus. Dort fand er nur einen kleinen Jungen vor. Als er nach den Erwachsenen fragte, wies ihn das Kind in den Nachbarraum, dort sei sein Bruder. Der Evangelist ging hinein und fand einen jungen Mann auf dem Bett liegen, der sein Gesicht mit einem Pullover bedeckt hatte. Die Unterhaltung begann, und der Evangelist erzählte ihm von der guten Botschaft der Erlösung. Da sprang der junge Mann aus dem Bett und rief: ,,Ich habe jemand umgebracht. Die Polizei sucht mich.'' Der Evangelist gab nicht auf, und der junge Mann brach in Tränen aus. Zusammen knieten sie am Bett nieder und beteten. Plötzlich drang eine Gruppe von Polizisten in den Raum ein. Sie blieben an der Tür stehen und hörten mit, wie der Mörder sein Leben Jesus übergab und um Vergebung bat. Als der junge Mann sich erhob, legten sie ihm Handschellen an. In seinem Gebet hatte er den Mord bekannt, und die Polizisten hatten es mitgehört. Dies ist nur einer von tausend Berichten, die zeigten, wie der Heilige Geist in Soweto wirkte.

Reinhards Aufgabe in Soweto war aber noch nicht beendet. Doch das ist eine andere Geschichte, die später kam.

52

7. Kapitel

Krankenpfleger bei Jesus

Immer mehr wuchs Reinhard in seiner Rolle als Reise-Evangelist. An Zuversicht und Glaube hatte es ihm ja nie gefehlt, deshalb nahm er jede Herausforderung mutig an. Seine Zuversicht ist deshalb so ansteckend, weil keinerlei Stolz dahinter steckt. Hier ist eigentlich eines der großen Geheimnisse seiner Erfolge. Er ist in der Lage, seinen Zuhörern und Mitarbeitern diese Zuversicht und diesen Glauben weiterzureichen; und da sein Leben ganz dem Herrn geweiht ist, fehlt es auch nicht an der Gegenwart des Heiligen Geistes in seinen Versammlungen.

Im Jahre 1976 stand er schon mitten in der Evangelisationsarbeit. Nach dem Durchbruch 1975 in Garborone waren in diesem Jahr noch weitere Evangelisationen gefolgt, darunter eine sehr erfolgreiche in Kapstadt im November/Dezember 75. Während dieser Arbeit betätigte er sich als Fotograf, um eines der Wunder im Bild einzufangen. Nach seiner Predigt und der Aufforderung an die Zuhörer, sich zu bekehren, übergab er die Versammlung an Pastor Ngidi, der nun für die Kranken betete. Unter der Zuschauermenge befanden sich eine Reihe von Menschen in Rollstühlen, die geduldig warteten, bis mit ihnen gebetet wurde. Vom Heiligen Geist angeregt nahm Reinhard seine Kamera und fotografierte eine der Kranken im Rollstuhl — eine Frau, die darauf wartete, daß Pastor Ngidi auch zu ihr kam. Ngidi trat zu der Frau, legte ihr die Hände auf und betete schlicht: ,,Im Namen Jesu, stehe auf!'' Die Kraft Gottes durchströmte die gelähmten Lenden, die Frau stand auf und schwenkte jubelnd ihre Arme. Die Versammlung brach spontan in Lobpreis aus.

Immer mehr Evangelisationsfeldzüge folgten im nächsten Jahr. Neben der Arbeit in Soweto waren die Evangelisationen in Port Elisabeth, in Windhuk/Namibia und am Ende des Jahres in Swasiland besondere Höhepunkte.

Anfang 1976 wurde das Grundstück gekauft, auf dem heute das

Hauptquartier von „Christus für alle Nationen" (CfaN) steht. Auch dieses Ereignis ist es wert, daß man davon berichtet:

Reinhard hatte Ausschau gehalten nach einem passenden Stück Land, wenn möglich in der Nähe seines Hauses. Eines Tages kam Herr Roger, der in seiner Nähe wohnte, zu ihm und machte ihn auf ein bestimmtes Anwesen aufmerksam. „Auf einem Grundstück in der Nähe der Bahnlinie wohnt ein Schotte in einem alten weißen Haus. Er möchte mir das Anwesen verkaufen für einen Kindergarten. Doch zu sehr interessiert es mich nicht. Sehen Sie es sich doch einmal an."

Reinhard, immer bereit, eine Gelegenheit wahrzunehmen, die von Gott sein konnte, bestieg seinen Wagen und machte sich auf den Weg. Es war ein holpriger, staubiger Fahrweg, den er benutzen mußte. Und der erste Eindruck von dem Grundstück war nicht sehr überzeugend. Ein altes Bauernhaus stand darauf, das früher wohl einmal weiß gewesen war, aber mittlerweile eher einen schmutzig-gelben Ton angenommen hatte. Rundherum wuchs hohes Gras, durchsetzt mit viel Unkraut. Ein Garten Eden war es wirklich nicht. Doch in dem Augenblick, als Reinhards Sohlen den Boden des Grundstücks berührten, „wußte" er, dies würde sein Hauptquartier werden. Sofort begann er sich mit dem Kauf zu beschäftigen. Das war nicht einfach, denn er hatte kein Geld dafür.

Ein Freund von ihm, Clive Hopkins aus Großbritannien, der eine Zeitlang die Redakteursarbeit für seine Zeitschrift „Revival Report" machte, setzte sich des Grundstücks wegen mit den Behörden in Verbindung. Von dort kehrte er mit recht mutlosem Gesichtsausdruck in Reinhards Büro zurück und zählte ihm zehn Gründe auf, weshalb die Behörden den Kauf nicht genehmigen würden — selbst wenn das Geld vorhanden wäre. Verblüfft mußte er anhören, wie Reinhard ihm antwortete: „Diese Gründe sehen günstig für uns aus." Kopfschüttelnd verließ Hopkins Reinhards Büro. Ihn konnten wohl keine behördlichen Bedenken oder anderes aufhalten, wenn er überzeugt war, Gottes Willen zu tun. Er würde das Land bekommen.

Auch über den Kaufpreis war inzwischen Einigkeit erzielt. Ebenso hatte Reinhard die anderen Mitglieder des CfaN-Komitees mittlerweile überzeugt, den Kauf vorzunehmen. Als sich dort Bedenken ergaben, woher die Kaufsumme kommen sollte, sagte Reinhard: „Ich werde im Namen Jesu am Tag der Grundstücksübertragung die volle Summe auf den Tisch legen." Drei Monate später saß er an seinem Schreibtisch und unterschrieb schwungvoll den Scheck über die ganze Kaufsumme. Der Herr hatte in Seiner Gnade geschenkt, was nötig war. Seine Komiteemitglieder waren doch ein wenig überrascht gewesen, als sie das Grundstück zum ersten Mal sahen. In dem hüfthohen Gras stehend meinte einer: ,,Vielleicht will Reinhard eine Landwirtschaft beginnen.''

Anfang 1976 waren Reinhard und sein Team zu einer Evangelisation in Port Elisabeth. Dort konnte der Heilige Geist so mächtig wirken, daß die Menschen sich nicht nur bekehrten, sondern spontan auch viele Dinge aus ihrem alten Leben auf das Podium warfen. In der 4000 Sitzplätze fassenden Halle, die für zwei Wochen gemietet war, wirkte am Dienstagabend der Heilige Geist so mächtig, daß Reinhard nicht einmal seine Predigt beenden konnte. Mit einem Mal kamen viele Menschen nach vorn gelaufen, weinend wie die Kinder. Plötzlich warf einer der Weinenden ein Päckchen Zigaretten auf das Podium. Und nun folgte geradezu ein Strom von mehr Tabak, Messern und anderen mörderischen Instrumenten sowie Zaubergegenständen und gestohlenen Sachen.

,,Ich werde nie eine Frau vergessen, die an einem Abend weinend und bekümmert nach vorn kam, um sich zu bekehren'', erzählt Reinhard. ,,Sie zog eine wunderschöne Strickjacke aus und warf sie auf das Podium. Zuerst verstand ich nicht, was geschah, sondern machte mir sogar ein wenig Sorgen, als sie die Jacke auszog. Man weiß ja nie, was ein Mensch tun wird, wenn er tief bewegt ist. Ich fragte die Frau also, warum sie das tat. Schluchzend antwortete sie: »Gestohlen!« Sie wollte die Strickjacke nicht länger tragen.'' Es gab einen wunderbaren Durchbruch in dieser Evangelisation. Am Schluß hatten sich mehr als 2000 Menschen für Jesus entschieden.

An einem Abend drängte sich auch ein junger Mann nach vorn. Als er dem Podium näher kam, sah Reinhard, daß er ein langes, gefährlich aussehendes Messer in der Hand hielt, mit dem man einem Elefanten hätte den Hals durchschneiden können. Er schien ungefähr 20 Jahre alt zu sein, doch sein Gesicht war voller Narben — Zeichen von vielen Messerkämpfen. Als ihre Blicke sich trafen, sagte der junge Mann: ,,Hier, Pastor, nimm es.'' Er drückte Reinhard das Messer in die Hand. ,,Ich habe mich entschlossen, mein Leben Jesus zu übergeben.'' Von tiefem Mitleid überwältigt, legte Reinhard ihm den Arm um die Schulter und flüsterte: ,,Danke, Herr!

Was kein Polizist je hätte schaffen können, hast Du soeben durch Deinen Heiligen Geist getan." Das hat wohl auch der berühmte Prediger C. H. Spurgeon gemeint, als er einmal schrieb: „Ich möchte keine Gemeinde in einem lieblichen Tal..., gib mir eine Mission an den Pforten der Hölle." Wahrhaftig, das CfaN-Missions-Team gewann kostbare Seelen für Jesus in der Gegenwart der Höllenmächte.

Von Port Elisabeth zog das CfaN-Team nach Windhuk, wo es in dem schwarzen Wohnviertel Katutura im Juni/Juli eine Evangelisation durchführte. Auch Pastor Ngidi war, wie gewöhnlich, dabei und wurde von Gott mächtig gebraucht, wenn er mit den Kranken betete. Doch er konnte nur eine Woche in Windhuk bleiben. Deshalb übernahm ein junger Pastor, Michael Kolisang, den Dienst, jeweils nach der Predigt mit den Kranken zu beten. Kolisang war und ist ein sehr treues und eifriges Mitglied des CfaN-Teams. Seine Beziehungen zu Reinhard gehen zurück auf dessen erste Zeit in Lesotho.

Kolisang war in Lesotho ein eifriger Anhänger einer politischen Partei. Als er eines Tages in der Nähe des Autobusbahnhofs in der Hauptstadt Maseru stand, erweckten die Klänge eines Akkordeons seine Aufmerksamkeit. Als er den Tönen nachging, sah er einen weißen Mann, der Musik machte und religiöse Lieder dazu sang. Neugierig blieb er in der Nähe. Als sich etliche Leute versammelt hatten, stellte der Weiße das Akkordeon beiseite, nahm eine Bibel und begann von Jesus zu predigen. Am Ende war Kolisang von dem, was er gehört hatte, tief erschüttert. Er wünschte, mehr von Jesus zu wissen und mit Gott in Ordnung zu kommen. Deshalb wartete er, bis sich die anderen Leute zerstreuten und sprach dann mit Reinhard. Dieser erklärte ihm den Weg zur Erlösung, und in dem VW-Kombi, den er in der Nähe geparkt hatte, übergab Kolisang sein Leben an Jesus.

Bald wurde Kolisang klar, daß Jesus ihn in Seinen Dienst gerufen hatte. So gab er seine aussichtsreiche politische Karriere auf und erhielt von Reinhard Bibelunterricht. Bald begann er selbst zu predigen, und manchmal hielten die beiden zusammen Gottesdienste. Als Reinhard Lesotho verließ, sah es so aus, als sollten sie nun getrennt werden. Doch Kolisang folgte ihm später nach Südafrika. Aber bis zu der Evangelisation in Windhuk hatte er immer etwas im Schatten von Pastor Ngidi gestanden. Doch Gott hatte seine Treue gesehen und gebrauchte ihn von nun an gewaltig. Bald wurde er zu einer Schlüsselfigur im CfaN-Team.

In Windhuk hatte Reinhard Gelegenheit, für einen tauben Mann zu beten und ein großartiges Wunder zu erleben. Er wohnte dort bei Pastor Van Wyk, als eines Morgens ein Herr Smit an die Tür klopfte. Er war gerade aus dem Krankenhaus entlassen und hatte gehört, daß Pastor Bonnke in der Stadt sei. Nun kam er, um für sich beten zu lassen. Er hatte in einem Ohr starke Krebswucherungen und in dem anderen gar kein Trommelfell. Als sie zusammen im Wohnzimmer standen, legte Reinhard seine Hände fest auf die Ohren des Mannes und fragte: ,,Glaubst du, daß Jesus dich heilen kann?'' Der Mann nickte bestätigend. Reinhard begann zu beten: ,,O Gott, ich bitte Dich um zwei Dinge: Heile das vom Krebs befallene Ohr und tu in dem anderen ein Wunder.'' Nun forderte er den Mann auf, das Ohr, auf dem er noch etwas hören konnte, fest zu verschließen. Herr Smit machte vor Freude plötzlich einen Luftsprung. Er konnte auf dem Ohr hören, in dem er bis jetzt kein Trommelfell gehabt hatte. Auch Reinhard schaute erstaunt und etwas ungläubig zu. ,,Wie kann ein Mann ohne Trommelfell hören?'' fragte er sich. Doch dann wurde ihm klar: Gott, der uns gemacht hat, hat auch neue Ersatzteile für uns zur Verfügung, wenn es nötig ist!

Diese Überzeugung zeigt uns viel von seiner Einstellung zur göttlichen Heilung. Obwohl viele Theologen sich um das Für und Wider solcher Heilungen streiten und viele Christen fragen, warum Gott nicht alle Menschen heilt, betet Reinhard einfach im Glauben mit den Kranken. Wenn sie geheilt werden, preist er mit ihnen Gott, und wenn nicht, überläßt er sie getrost weiterhin dem souveränen Willen Gottes und Seiner Gnade und Barmherzigkeit. Gott zeigte ihm einmal im Gebet, als er sich selbst mit diesen Fragen beschäftigte, welche Haltung er einnehmen solle, wenn er mit Kranken betet.

Gott machte ihm klar, daß Jesus Christus der große Arzt ist, und er selbst nur so etwas wie ein Krankenpfleger. Als er darüber nachdachte, wurde ihm die darin liegende tiefe Wahrheit klar. ,,Ich erkannte, daß es die Aufgabe des Arztes ist, die Diagnose für die Krankheit zu stellen und die richtige Therapie zu verordnen. Ich, als Krankenpfleger, habe nur dem Arzt zu folgen und die Medizin zu tragen. Ich teile sie dem Kranken nur in der Weise aus, wie sie vom Arzt verschrieben wird — und sie tut ihre Wirkung. Unsere Medizin hat die rote Farbe des Blutes Jesu. »Durch Seine Wunden sind wir geheilt«... »Auf die Kranken sollen sie die Hände legen, und sie sollen gesund werden.« Ich bin also nur ein Krankenpfleger. Und ich bin glücklich, daß ich einer für den großen Arzt Jesus Christus bin."

Gewiß wird er mit dieser These keinen Professorentitel gewinnen, und viele mögen über die einfache Erklärung spotten. Doch Reinhard glaubt an die einfache Verkündigung des Evangeliums. Viele Prediger kommen, um seinen Stil und die Art, wie er seine Botschaft verkündigt, zu beobachten. Er spricht gewiß gewaltig, und in der typischen Evangelistenart manchmal auch sehr lautstark. Auf der Kanzel ist er König und erwartet die Aufmerksamkeit aller seiner Zuhörer. Er kann so hart urteilen wie Johannes der Täufer, wenn er Menschen den Weg zu Jesus weist. Doch dann ist er wieder so sanft wie der junge David, als er den erregten König Saul beruhigte. Aber in allem verherrlicht er Jesus und wirft, wie Petrus am See Genezareth, das Netz aus, um Menschen für Jesus zu gewinnen. Nachdem er sie freundlich und freudig zu Jesus geführt hat, wird er zum ,,Krankenpfleger", wenn die Kranken, Lahmen und Blinden sich nach vorn drängen.

Neben vielen anderen erlebte er 1976 noch zwei weitere bemerkenswerte Heilungen von unheilbarem Krebs. Eine davon betraf Frau Dinnie Viljoen aus Pretoria. Im Jahre 1974 hatte sich der Krebs bei ihr bemerkbar gemacht. Sie war operiert worden und mußte erfahren, daß Heilung nicht mehr möglich war; der Krebs war zu weit fortgeschritten. Achtzehn Monate war sie in Behandlung. Immer wieder mußte sie ins Krankenhaus, doch ohne Aussicht auf Hilfe. Ihr blieb nur ihr Glaube in Gott. Bei einem Krankenhausaufenthalt brachte ihr Mann ihr ein kleines Büchlein, das sich mit der Bibelstelle aus Habakuk 3, 19 befaßte: ,,*Gott, der Herr, ist meine Kraft. Er macht meine Füße schnell wie die Füße der Hirsche und läßt mich schreiten auf den Höhen.*" Sie glaubte, daß dieses Bibelwort für sie eine besondere Bedeutung habe und dachte in ihren täglichen Andachten darüber nach.

Dann erhielt sie im Krankenhaus von einer christlichen Krankenschwester eine Kassette mit einer Predigt von Reinhard Bonnke. Sie erzählte: ,,Als ich der Predigt lauschte, wuchs mein Glaube, als ich von den Wundern hörte, die Gott durch den Dienst von Pastor Bonnke und Pastor Kolisang tat. Ich betete in meiner Schwachheit: »Herr Jesus, wenn es Dein Wille ist, laß mich diesen beiden Männern begegnen, damit sie für mich beten können.« Später erzählte ich meinem Mann von der Predigt, sagte aber nichts von meinem Gebet. Als ich entlassen wurde, war ich trotzdem sehr schwach und voller Schmerzen. Doch eine Woche später erzählte mir ein alter Bekannter am Telefon, daß Gott ihm gezeigt habe, er solle einen gewissen Pastor Bonnke zu mir bringen, damit er für meine Heilung beten könne. Ich war überwältigt vor Freude und Dankbarkeit."

Als Reinhard den Anruf von Frau Viljoens Freund erhielt, wollte er zuerst ablehnen, an diesem Tag nach Pretoria zu kommen, weil er gerade an einer Konferenz teilnahm. Doch er fühlte das Mahnen des Heiligen Geistes. „Ich sende dich!" sagte der Herr zu ihm. „Gut", stimmte er zu, „ich komme unter der Bedingung, daß Sie mitkommen und mir den Weg zeigen." Der andere stimmte zu. Sie machten einen Treffpunkt aus, der etwa 10 Minuten von Bonnkes Haus entfernt ist. Gerade an diesem Morgen war auch Michael Kolisang von Lesotho zurückgekehrt und konnte so Reinhard begleiten. Als sie ihren Führer trafen, war dieser ein wenig verlegen und sagte mit einem Blick auf Kolisang: „Wissen Sie, Pastor, ich habe nichts gegen schwarze Leute. Er ist sicher ein teurer Bruder. Aber wir gehen zu Leuten, die der Holländisch-Reformierten Kirche angehören. Ich glaube nicht, daß es ihnen gefallen würde, wenn ein Schwarzer in ihr Haus kommt."

Reinhard antwortete: „Machen Sie sich keine Sorgen. Mike kennt südafrikanische Verhältnisse. Er wird im Auto warten und für die Frau beten." Während sie nach Pretoria fuhren, begann er im Inneren für die Frau zu beten. Ihm war klar, daß er in Gottes Willen war. Doch welches Bibelwort sollte er der Frau lesen? Da kamen ihm plötzlich einige Verse aus dem Alten Testament, aus dem Propheten Habakuk 3, 17. 18 in den Sinn: „*Zwar blüht der Feigenbaum nicht, an den Reben ist nichts zu ernten, der Ölbaum bringt keinen Ertrag, die Kornfelder tragen keine Frucht; im Pferch sind keine Schafe, im Stall steht kein Rind mehr. Dennoch will ich jubeln über den Herrn, und mich freuen über Gott, meinen Retter.*"

Als sie sich Pretoria näherten, kämpfte Reinhard mit der Bibelstelle: „Herr, ich kann ihr das doch nicht vorlesen. Es hört sich ja an, als müsse sie sterben. »Der Feigenbaum blüht nicht... keine Herden im Stall...« Nein, Herr!" Doch der Heilige Geist bestand darauf: Lies ihr diese Bibelstelle.

Als sie vor dem Haus Viljoens ankamen, bat Reinhard Pastor Kolisang: „Bitte, warte hier und bete für die Frau." Als sie das

Haus betraten, war er immer noch nicht recht zufrieden mit der Bibelstelle, war aber entschlossen, dem Drängen des Heiligen Geistes zu gehorchen. Sie wurden eingelassen und in ein Schlafzimmer geführt. Frau Viljoen saß im Bett, mit einem Stapel Kissen unter dem Rücken. Ihr Gesicht war vom Tod gezeichnet. Es dauerte eine Zeit, bis sie ihre Besucher wahrnahm. Dann wurden ihre tief eingesunkenen Augen lebendig. Mühsam sagte sie: ,,Pastor Bonnke, Sie kommen mich besuchen. Das ist eine wunderbare Gebetserhörung.'' Ihre Gesichtszüge wurden lebendiger, als sie ihm von der Kassette erzählte und von ihren Gebeten, doch ihm und Pastor Kolisang zu begegnen. Als sie Kolisangs Namen erwähnte, rief Reinhard: ,,Einen Augenblick, ich werde ihn rufen. Er wartet draußen im Auto auf mich.''

Eilig wurde Kolisang ins Haus gebeten, und Reinhard sah, daß es keine rassischen Vorurteile gab, als er mit seinem schwarzen Bruder gemeinsam am Bett der Frau stand. Reinhard öffnete seine Bibel, um ihr die Verse aus dem Propheten Habakuk vorzulesen. Während er las, begann die Frau zu weinen: ,,Ich muß erzählen, was geschehen ist'', sagte sie zwischen einigen Schluchzern. ,,Während ich im Krankenhaus lag, bat ich meinen Mann, mir ein bestimmtes Buch von Andrew Murray über das Gebet zu bringen. Sie hatten es nicht in der Buchhandlung, also wurde es bestellt. Eine Zeit später riefen sie meinen Mann an und sagten ihm, das Buch sei eingetroffen. Er ging es holen, war aber nicht sicher, welchen Titel ich wünschte, und nahm das falsche Buch. Es hieß: »Hirschfüße auf den Höhen«. Das ganze Buch beschäftigte sich mit der Bibelstelle aus dem Propheten Habakuk. Hier ist es.''

Mit ihrer abgemagerten Hand reichte sie Reinhard das Buch. Als er es öffnete, sah er, daß fast jeder Satz unterstrichen war. ,,Ich bin überzeugt, Gott ist hier, um ein Wunder zu tun'', erklärte er. Der schwarze und der weiße Pastor legten gemeinsam die Hände auf Frau Viljoen, beteten mit ihr, und der Raum war erfüllt mit der Herrlichkeit Gottes. Frau Viljoen flüsterte: ,,Ich habe eine Vision... Ich sehe mich unter einem mächtigen Wasserfall stehen.''

Als sie ,,amen'' sagten, machte Frau Viljoen schon einen viel kräftigeren Eindruck. Sie war in einem Augenblick geheilt worden. Reinhard und Kolisang mußten schnell nach Johannesburg zurück zur Konferenz. Unterwegs unterhielten sie sich über die große und schnelle Veränderung, die mit der Frau vorgegangen war. Noch war sie vom Tod gezeichnet, und doch durchströmten sie schon die mächtigen Lebenskräfte Jesu.

Fünf Tage nachdem sie mit Frau Viljoen gebetet hatten, mußte sie wieder zur Untersuchung ins Krankenhaus. Sie fragte sich, ob dies überhaupt noch nötig sei, fühlte aber doch den inneren Drang, ihre Heilung von den Ärzten bestätigen zu lassen. Es folgten drei Tage intensiver Untersuchungen im Krebsforschungsinstitut. Nachdem alle Röntgenaufnahmen und die anderen Tests ausgewertet waren, mußten die Ärzte und Spezialisten voller Erstaunen feststellen, daß bei ihr keine Spur von Krebs mehr zu finden war.

Das Ergebnis dieser erstaunlichen Heilung wurde in vielen Teilen des Landes spürbar. Denn Gott hatte Frau Viljoen nicht nur geheilt, sondern Er gab ihr einen Auftrag für alle Afrikaans sprechenden Leute ihrer Kirche. Sie reiste ein Jahr lang kreuz und quer durch das Land und erzählte überall ihre Geschichte. Dadurch wurden viele Menschen, vor allem Frauen aus ihrer Kirche, für den Herrn gewonnen.

Eines Tages erhielt Reinhard einen Anruf von Frau Viljoen. ,,Pastor Bonnke, es ist der Jahrestag meiner Heilung, deshalb feiern wir einen Dankgottesdienst in unserem Haus. Ich habe 40 Frauen eingeladen. Würden Sie zu uns sprechen?'' Gern sagte Reinhard zu. Eine halbe Stunde später war Frau Viljoen wieder am Telefon. ,,Entschuldigung, daß ich nochmals störe, doch aus den 40 sind 400 geworden. Ich bekam die Genehmigung, die Presbyterianer-Kirche in unserer Straße zu benutzen. Kommen Sie trotzdem noch?'' Er antwortete: ,,Selbstverständlich!'' Es wurde ein wunderbarer Gottesdienst, und der Heilige Geist konnte in besonderer Weise wirken. Frau Viljoens Herz war voller Freude und Liebe für ihren Herrn. Sie strahlte vor Glück. Als Reinhard sich von ihr am späten Nachmittag verabschiedete, wußte er noch nicht, daß er sie zum letzten Mal gesehen hatte.

Am nächsten Tag flog er nach Deutschland, um dort eine Reihe von Gottesdiensten zu halten; in dieser Zeit starb sie. Am Tag, als er zurückkehrte, wurde sie beerdigt. Rückblickend sagt er: ,,Gott hat ihr noch ein Jahr ihres Lebens zugelegt, und in diesen zwölf Monaten hat sie mehr für den Herrn getan, als in all den vorangegangenen Jahren.''

Später im gleichen Jahr wurde er wieder zu einem unheilbar Kranken gerufen. Es war ein Herr Kruger, der in der Krebsstation des Allgemeinen Krankenhauses von Johannesburg lag. Er fuhr gemeinsam mit seiner Frau nach dort. Doch sie konnten keinen Parkplatz finden. Deshalb bat er sie, im Wagen zu bleiben und immer um das Krankenhaus herumzufahren, bis ein Parkplatz frei wurde, und dabei zu beten.

Im Krankenhaus schlug ihm der bekannte Geruch von Sterilisationsmitteln entgegen. Er fand das angegebene Zimmer, in dem 20 der typischen eisernen Krankenhausbetten standen. Er bat eine Schwester, ihm das Bett von Herrn Kruger zu zeigen. Als er an das Bett des ganz still liegenden Mannes trat, sah er sein Gesicht vom Tod gezeichnet. Er mußte ungefähr in seinem eigenen Alter sein. Sein Atem ging sehr schwer, als kämpfe er mit jedem Atemzug um die nötige Luft. Als Herr Kruger Reinhard bemerkte, bat er ihn, sich zu ihm zu beugen. ,,Pastor Bonnke . . .'' schnaufte er, ,,haben Sie ein Wort von Gott für mich?''

Reinhard blickte in die bittenden Augen und fühlte, wie der Heilige Geist sein Herz bewegte. ,,Ja'', antwortete er. ,,ich habe ein Wort von Gott für Sie: »Sie sollen nicht sterben, sondern leben, um die Taten des Herrn zu verkünden« (Psalm 118, 17). Erschöpft sank der Kranke zurück. Reinhard saß eine Weile neben ihm, las ihm Gottes Wort vor und betete mit ihm. Als er Herrn Kruger dann verließ, lächelte dieser leicht und sagte: ,,Danke, Herr.'' Er litt an Leukämie, wie die meisten anderen in diesem Zimmer. Es war fast ein Sterbezimmer. Denn nicht viele, die hier hinein kamen, verließen es wieder als Lebende.

Reinhard verließ das Krankenhaus und mußte feststellen, daß seine Frau es immer noch umrundete, weil sie keinen Parkplatz gefunden hatte. Von Herrn Kruger hörte er erst ein Jahr später wieder. Als er im CfaN-Hauptquartier an seinem Schreibtisch saß, klopfte es an die Tür. Herein trat ein stämmiger junger Mann, der einen sehr gesunden Eindruck machte. Als Reinhard sich erhob und ihm die Hand reichte, fragte er: ,,Erinnern Sie sich noch an mich?'' Diese Frage bringt reisende Evangelisten, die im Laufe eines Jahres so viele Menschen sehen, oft in Verlegenheit. Reinhard betrachtete ihn aufmerksam, mußte aber dann zugeben, daß er ihn nicht kannte.

Der Mann setzte sich und sagte mit Tränen in den Augen: ,,Ich bin Kruger, den sie vor etwa einem Jahr in der Krebsstation in Johannesburg besuchten.'' Reinhard schaute ihn erstaunt an und rief ,,Halleluja''. Hier ist Krugers Geschichte:

,,Pastor'', begann er, ,,all die anderen Männer mit mir im Zimmer sind zwischenzeitlich gestorben. Doch als Sie mich an diesem

Nachmittag verließen, wußte ich, daß Gottes Kraft mich angerührt hatte. Ich rief die Krankenschwester und bat um meine Kleidung. »Ich gehe heim, Jesus hat mich geheilt«, erklärte ich ihr. Sie dachte, ich sei nicht mehr ganz bei Sinnen. Aber ich forderte: »Rufen Sie den Arzt und bringen sie meine Kleidung. Ich gehe.« Die Ärzte kamen. Sie wollten mich nicht gehen lassen, doch ich bestand darauf. Endlich willigten sie ein unter der Bedingung, daß ich ihnen ein Schriftstück unterschrieb, daß dies alles ausdrücklich gegen ihren Rat und auf meine Verantwortung geschähe, wenn ich auf dem Heimweg oder kurz danach vielleicht sterben würde. Ich unterschrieb, denn ich wußte: Ich würde nicht sterben.

Sie gaben mir einen Kasten voll Medizin mit, darunter 400 Cortison-Tabletten, von denen ich jeden Tag 40 Stück nehmen sollte. Das würde mich wenigstens für zehn Tage aufrecht halten, meinten sie. Um sie zufrieden zu stellen, nahm ich sie mit und ging. Daheim angekommen, warf ich alle Medizin in den Mülleimer. Ich fühlte mich immer besser und gewann nach und nach meine Kraft wieder. Nach einiger Zeit ging ich zur Nachuntersuchung. Die Ärzte mußten bestätigen: Ich war geheilt."

Reinhard Bonnke, der ,,Krankenpfleger", freute sich mit ihm. Herr Kruger ist gesund und lebt heute in Springs, im East Rand.

8. Kapitel

Plane wie ein Millionär

Die letzte Evangelisation des Jahres 1976 fand in Swasiland statt; und zwar an zwei Orten: Manzini und Mbabane. Besonders bemerkenswert daran war erstens die starke dämonische Opposition, zweitens die besondere Versammlung für das Königshaus und drittens das überaus schlechte Wetter.

Seit Beginn der Großevangelisationen waren sie immer wieder dem Wetter ausgesetzt. In Kapstadt war die große Halle zu klein geworden. Doch als sie in ein offenes Stadion gingen, hatte ein bitter kalter Wind die Menschen zurückgehalten. In Port Elisabeth war es ebenso. Es gab nur einen Weg, regelmäßig große Menschenmassen anzuziehen, erkannte Reinhard: Er brauchte ein Zelt. Deshalb machte er das ganze Jahr 1976 hindurch immer wieder finanzielle Appelle für ein Zelt. Aber es mußte so groß sein, daß mindestens 5000 Menschen darin Platz fanden; möglichst mehr. Doch das Geld dafür war natürlich das größte Problem.

In Mbabane erlebten sie an einem Nachmittag einen Wolkenbruch. Es war, als würden die Viktoria-Wasserfälle auf sie herabstürzen. Reinhard hatte ein kleines Zelt aufgestellt, das etwa 800 Menschen einen ungenügenden Schutz vor schlechtem Wetter bot. Doch an diesem Nachmittag gab es für niemand mehr Schutz, es goß zu fürchterlich. Das Zelt stand in einer leichten Senke, und von allen Seiten ergoß sich das Wasser in Sturzbächen hinein.

Als die Fluten durch das kleine Zelt strömten, mußte Reinhard hilflos zusehen, wie die Kranken und Krüppel mitgerissen wurden und erbarmungswürdig kämpften, als sie versuchten, höher liegendes Land zu erreichen. ,,Mir brach es fast das Herz, diese armen Menschen in Wasser und Schlamm liegen zu sehen", erinnert er sich. ,,Ich schrie zu Gott: »Bitte, gib uns doch ein ordentliches Dach über den Kopf.« Wie ein Blitz stand die Antwort in meinem Herzen: »Vertraue Mir für ein Zelt mit 10 000 Plätzen!« " Während er in dem fürchterlichen Regen stand und die armen Menschen beobachtete, antwortete er leise: ,,Ich vertraue Dir, Herr."

Dieses Gebet in dem Unwetter in Swasiland brachte viel Frucht. Eines Tages würde Gott ihm ein so großes Zelt geben, daß er selbst kaum glauben konnte, Menschen könnten so etwas bauen. Doch im Augenblick hatte Gott ihm die Vision für ein Zelt mit 10 000 Plätzen ins Herz gelegt. Also machte er sich, als sie nach Johannesburg zurückkehrten, sofort daran, sich nach einem so großen Zelt zu erkundigen. Überall, wo er fragte, stieß er auf Zweifel, ob ein solches Zelt überhaupt möglich wäre. In Südafrika jedenfalls gab es zu jener Zeit niemand, der ein Zelt dieser Größe hätte anfertigen können. Als er hörte, was so etwas kosten würde, fühlte er seine Knie wanken. Eine Firma erklärte ihm, ein solches Zelt würde etwa DM 400 000,— kosten. Wenn er an alle anderen Verpflichtungen des wachsenden CfaN-Werkes dachte, erschien ihm die Summe riesenhaft. War der ehemalige Missionar und jetzige Evangelist in der Lage, solche Summen aufzutreiben? Die Antwort lautete: Ja! Reinhard staunte selbst über seine Kühnheit. Doch wenn Gott wollte, daß er ein solches Zelt haben sollte, würde er Ihm vertrauen; auch wenn es sich jetzt um sechsstellige Zahlen handelte.

Aber wie sollte er diese Sache beginnen und planen? Während er über diese Fragen nachdachte, sagte Gott etwas zu ihm, das bis heute in seinem Herzen nachhallt: *„Plane nicht mit dem, was du in deinen Taschen findest, sondern mit dem, was in Meinen Taschen ist."* Reinhard hat göttliche Wahrheiten immer schnell erkannt. Also griff er in seine Taschen und fand darin einige Kupfermünzen. Doch dann blickte er auf die vollen Taschen Gottes und betete: „Herr, wenn Du mir erlaubst, mit dem zu planen, was in Deinen Taschen ist, dann werde ich planen wie ein Millionär."

Wieder machten es die Opferbereitschaft und Hingabe der wachsenden Zahl von Gebetspartnern in Deutschland und Südafrika möglich, das Zelt zu beschaffen. Die Pläne wurden entworfen. Eine italienische Firma aus Mailand stellte die Planen und Taue her, während alle Stahlteile und das Podium in Südafrika gebaut wurden.

Am Ende 1976 rechnete Reinhard fest damit, im Laufe des nächsten Jahres das Zelt zur Verfügung zu haben. Doch es ging ja nicht nur um die Baukosten. Transportfahrzeuge mußten her sowie ein großer Generator und dazu auch wesentlich mehr Mitarbeiter. In der Zwischenzeit wurden natürlich die Evangelisationen im Freien fortgesetzt. Im Januar 1977 führte das CfaN-Team eine Arbeit in Bushbuckridge in Nordtransvaal durch. Der populäre Pastor

Ngidi, der seit dem Durchbruch in Botswana mit Reinhard gearbeitet hatte, mußte in letzter Minute absagen. Er hatte die Verantwortung für den Distrikt Natal übernommen und konnte sich nicht mehr so oft freimachen von diesen Aufgaben. Reinhard machte sich deshalb einige Sorgen, weil der große Zulu-Prediger vor allem auf dem Gebiet der Krankenheilung von Gott mächtig gebraucht wurde. Er fragte sich, wie die Versammlungen ohne ihn gehen würden. Doch Gott ermutigte ihn: ,,Mache dir keine Sorgen. Ich bin bei dir.''

Israel Malele, ein freiwilliger Helfer, hatte die Vorbereitungsarbeiten übernommen. Als Reinhard am Schauplatz, einer Schule, eintraf, sah er, daß man zwei kleinere Zelte zusammengebaut und so einen behelfsmäßigen Versammlungsort errichtet hatte. Schon am ersten Abend geschah ein großartiges Wunder, als eine junge verkrüppelte Frau, die auf Krücken gekommen war, geheilt wurde. Sie hatte ihre Krücken weggeworfen und war zur Freude der Versammlung auf dem Podium hin- und hergerannt, so daß alle sehen konnten, was Jesus getan hatte. Alle Dörfer im Distrikt wurden davon ergriffen. Innerhalb von zwei Tagen war die Besucherzahl auf 5000 angewachsen.

Eine andere dramatische Heilung bestätigte die Evangeliums-Botschaft, als ein 19 Jahre alter Blinder sehend wurde. Der Heilige Geist hatte Reinhard gedrängt, für die total Blinden besonders zu beten. Also standen 20 Blinde vorn am Podium. Reinhard sagte: ,,Ich werde jetzt für jeden von euch beten und ihm dabei die Hände auflegen. Ihr haltet eure Augen weiter fest geschlossen. Dann werde ich euch im Namen Jesu befehlen, eure Augen zu öffnen. Wenn ihr das tut, werdet ihr einen weißen Mann vor euch sehen. Ich glaube das.''

Spannung hatte sich ausgebreitet, als Reinhard von einem zum anderen ging und die Hände auflegte. Dann stand er wieder vor ihnen und befahl, sie sollten die Augen öffnen. Er hatte kaum zu Ende gesprochen, als ein Schrei erklang, den ein junger Mann ausstieß. Er sprang vorwärts und zeigte mit dem Finger auf Reinhard: ,,Dort stehst du. Ich kann dich sehen.'' Die Menge begann spontan Gott zu preisen. Menschen umarmten sich, andere fielen unter der Kraft Gottes zu Boden. Es war eine herrliche Versammlung.

An einem anderen Abend kam eine hochgebildete Afrikanerin nach der Versammlung zu Reinhard und berichtete: ,,Weil ich taub bin, saß ich ganz vorn und las die Worte von deinen Lippen. Du hast von Vergebung gesprochen. Mein Mann hat mich immer so schlecht behandelt, daß ich ihm bisher nicht vergeben konnte. Doch während du predigtest, wurde mein Herz angerührt. Ich betete: »Herr, ich vergebe meinem Mann.« In dem Augenblick konnte ich hören.''

Obwohl es die offensichtlichen Wunder und Zeichen sind, von denen die Menschen angezogen werden — wie in den Tagen Jesu —, fragt Reinhard Gott nie, weshalb manche geheilt werden und andere nicht. Er hat gelernt, in allem Gott zu vertrauen. Während der Versammlungen in Bushbuckridge hatte er diesbezüglich ein Erlebnis, das ihn tief beeindruckte: An einem Abend betete er auch mit einer älteren blinden Frau, die überhaupt keine Augenhöhlen hatte. Dann wandte er sich der nächsten Person neben ihr zu, um mit dieser zu beten. Während er dies tat, hörte er die Blinde leise flüstern: ,,Ich sehe, ich sehe.'' Er drehte sich wieder zu ihr und fragte: ,,Sag mir, was du siehst. Kannst du mich sehen?'' Sie antwortete: ,,Nein, ich sehe dich nicht. Aber ich sehe ein weißes Kreuz und Jesus daran.''

Reinhard blieb einige Augenblicke stehen und schaute schweigend in das augenlose Gesicht. ,,Ist es möglich, Herr'', überlegte er, ,,daß eine Augenlose mehr sehen kann als die schärfsten Augen? Jemand ohne Augen sieht Jesus, und manche, mit Augen wie ein Adler, können Ihn überhaupt nicht erkennen.'' Gott nahm die Blindheit dieser Frau in anderer Weise hinweg. Heute ist sie ein feines Gotteskind.

Reinhards Gastgeber während dieser Evangelisation war Herr Stick Nyalungu, ein älterer Mann, Inhaber eines Transportgeschäfts. Eines seiner Beine war schon ziemlich steif. Er hinkte, und es wurde für ihn immer schwieriger, ohne Hilfe zu gehen. Eines Tages bat er Reinhard, für ihn zu beten. Als er es tat, durchströmte die Kraft Gottes den Mann, und sein steifes Bein wurde von neuem Leben durchpulst. Er begann auf dem vorher noch lahmen Bein zu hüpfen und rief: ,,Seht mich an, es funktioniert wieder.'' In seiner Freude ließ er einen seiner Autobusse im ganzen Distrikt herumfahren, um seine große Verwandtschaft in seinem Haus zusammenzubringen, wo er ihnen von seiner Heilung erzählte. Reinhard hielt ihnen einen Gottesdienst. Herr Nyalungu hatte die Freude, viele seiner Verwandten zu Jesus kommen zu sehen.

Als Reinhard eines Abends zum Haus seines Gastgebers fuhr, bemerkte er in der Nähe einen parkenden Polizeiwagen. Herr Nyalungu kam ihm vor die Haustür entgegen und flüsterte: „Die Polizei wartet auf dich." Reinhard überlegte, was er falsch gemacht und wo er unwissentlich ein Gesetz übertreten haben könnte. Er forderte seinen Gastgeber auf, die Beamten hereinzubitten. Doch die Polizisten betraten nicht in autoritärer Haltung den Raum, sondern einer der Uniformierten sagte: „Pastor, wir haben von den Wundern Gottes gehört. Würden Sie auch für mich beten, bitte." Reinhard mußte innerlich lächeln. Der starke Arm des Gesetzes beugte sich demütig vor Gott — und Gott errettete wunderbar.

9. Kapitel

Ein Haufen Krücken

Das Jahr 1977 hatte in Bushbuckridge großartig begonnen, doch sollten noch wunderbarere Dinge geschehen. Auf dem gekauften Gelände in Witfield begann der Bau der neuen Verwaltungsgebäude. Auch der Auftrag für das Zelt wurde vergeben. Es sollte 1978 gebrauchsfertig in Südafrika eintreffen. Da die CfaN-Mannschaft ständig wuchs, wurden immer mehr Autos und Wohnwagen benötigt. Die Mitarbeiter merkten, daß es großen Einsatzes bedurfte, wenn man zu einem von Ort zu Ort reisenden Evangelisations-Team gehörte. Die größten Arbeiten des Jahres fanden in Giyani, in Gazankulu, Sibasa im Vendaland, Phalaborwa, Tzaneen, Messina und Louis Trichardt statt. Zwei davon waren besonders bemerkenswert: Die Aprilarbeit in Giyani und die im August in Sibasa, der Hauptstadt des Vendalandes.

Giyani ist eine weit entfernte, sehr ländliche Gegend an der Grenze von Mosambik. Die nächste Stadt von einiger Größe ist Tzaneen, 150 Kilometer südlich. Der Versammlungsplatz war die Halle der Schule. Außer verteilten Handzetteln hatte es keine weiteren Einladungen zu den Versammlungen gegeben. Doch das Team hätte sich darüber keine weiteren Sorgen zu machen brauchen; denn was dann geschah, war die beste Propaganda, die man haben konnte — und sie kostete keinen Pfennig.

Am ersten Abend waren etwa 100 Besucher gekommen, am zweiten schon 300. An den beiden Abenden wurden Menschen gerettet und geheilt. Und es waren die physischen Wunder, durch die so viele Menschen angezogen wurden. Die Leute hatten vielleicht ihre große geistliche Not noch nicht erkannt, wußten aber um ihre Krankheitsnöte. So war am dritten Abend die Schulhalle mit mehr als 1000 Menschen total überfüllt. Die Leute saßen in den Fenstern und standen auch noch draußen.

Das Team war begeistert von dem großartigen Besuch in dieser nur gering bevölkerten Gegend. Doch ein Problem tauchte auf: Der

Rektor der Schule sprach am vierten Tag mit Reinhard. Obwohl er grundsätzlich nichts gegen die Versammlungen in seiner Schule hatte, wies er darauf hin, daß die Halle nur für 400 Personen gedacht war. Mit einer so großen Menge würden die Dinge langsam ,,unhygienisch'', bemerkte er sehr höflich.

Wohin sollten sie gehen? Der Rektor meinte, das landwirtschaftliche Ausstellungsgelände auf der anderen Seite des Städtchens, etwa 8 Kilometer entfernt, sei geeignet. Reinhard war darüber nach diesem wunderbaren Anfang nicht recht glücklich. Würden die Besucher auch die größere Entfernung in Kauf nehmen und kommen? Viele hatten so schon weite Wege zu gehen. Doch sie hatten keine Wahl. Und die Menschen strömten weiter herbei, so daß sich für die restlichen Tage bis zu 8000 Besucher in das Ausstellungsgelände drängten. Blinde wurden sehend, und Lahme konnten wieder gehen. Hier machte das Team eines ihrer erstaunlichsten Bilder. Am Ende der Evangelisation konnte ein wahrer Berg von Krücken und Gehstöcken fotografiert werden, die geheilte Menschen zurückgelassen hatten. Wohin immer die Mitarbeiter des Teams kamen, wurden sie freudig von Geretteten und Geheilten begrüßt. Die ganze Gegend war durchdrungen von neuem Leben.

An einem Tag betrat Reinhard das Postamt. Der junge Beamte hinter dem Schalter blickte ihn mit großen Augen an. ,,Pastor Bonnke!'' rief er. ,,Ja?'' antwortete Reinhard. Mit Tränen in den Augen sagte der Beamte: ,,Umfundis (Bezeichnung für Pastor oder Lehrer), ich war ein Heide — ein wirklicher Heide. Noch nie hatte ich eine Kirche betreten und wollte mit dem Christentum nichts zu tun haben. Ich war ein Trinker und habe meine Frau gequält. Dann hatte ich eines Nachts einen Traum. Zwei Männer in schneeweißen Kleidern erschienen mir und sagten: »Geh zu der Schule, dort wird dir der Weg des Lebens gezeigt.« Ich machte mich auf und hörte dich predigen. Jetzt bin ich erlöst und wiedergeboren. Ich bin ein Kind Gottes.''

Als die Evangelisation zu Ende war, fuhr Reinhard nochmals zur Schule, um dem Rektor für seine Freundlichkeit und Hilfe zu danken. Als er aus dem Auto stieg, kam ihm der Rektor schon entgegen. ,,Pastor Bonnke, ich freue mich, Sie zu sehen. Ich habe eine Frage: Sagen Sie mir, wie Sie diese Arbeit zustande bringen? Ich bin äußerst erstaunt. Seit vielen Jahren durchreise ich diese Gegend. Ich kenne die Leute hier. Es hat sich wirklich alles verändert. Meine Kirche hat in diesem Distrikt seit 20 Jahren eine Mission und ein

Krankenhaus. Aber Sie haben in diesen sieben Tagen mehr bewirkt, als wir in der ganzen Zeit. Gewöhnlich machen die Leute in solchen Massenversammlungen aus dem Evangelisten einen Helden. Doch jetzt reden sie nicht über Sie oder Pastor Kolisang, sondern nur von Jesus."

Reinhards Augen strahlten, denn dies war eines der schönsten Komplimente, das ihm je gemacht wurde. Und es ist so wahr für seinen Dienst und die Arbeit von CfaN. Obwohl dieses Werk mittlerweile über alles hinausgewachsen ist, was man sich im Anfang vorstellen konnte, besteht Reinhard immer darauf, daß alle Ehre Gott gehört und daß ihm nichts an irdischen Ruhmeskränzen liegt, die doch verwelken und vergehen.

ALTARRUF — KEIN PROTOKOLL

Doch unzweifelhaft war die Sibasa-Evangelisation der Höhepunkt des Jahres 1977. Die Menschenmassen waren der beste Beweis für Reinhards Absicht, ein Zelt mit vielen tausend Sitzplätzen zu beschaffen. Die Arbeit war für August geplant, doch zunächst sah es so aus, als müsse sie abgesagt werden. Aber Reinhard war überzeugt, daß der Heilige Geist ihm das Vendaland in der nordöstlichsten Ecke der Republik Südafrika aufs Herz gelegt hatte.

Man hatte bei den Behörden um die notwendigen Genehmigungen für eine vierwöchige Evangelisation in der Hauptstadt Sibasa nachgesucht, doch bisher nichts von dort gehört. Ein Mitarbeiter meinte, Gott würde sicher die Türen öffnen, wenn es Sein Wille sei. Reinhards Antwort zeigte seine mutige geistliche Haltung: ,,Ich weiß, daß es Gottes Wille ist und daß Er die Türen öffnet, aber diesmal will der Teufel sie geschlossen halten."

Als dann endlich die Antwort kam, war es eine recht eindeutige Absage. So mindestens sahen es die Behörden. Sie wußten ja nicht, daß sie es mit einem recht entschlossenen und hartnäckigen deutschen Evangelisten zu tun hatten, der sich weigerte, Dinge negativ zu sehen. Reinhard stand innerlich unter Dampf. Zu allem Überfluß packte ihn noch die Grippe und zwang ihn für einige Tage ins Bett. In einer dieser Nächte erwachte er. Als er die Augen öffnete, sah er in leuchtenden Buchstaben das Wort *SIBASA* vor sich. ,,Herr, das ist eine Bestätigung. Trotz der Absage werden wir gehen", flüsterte er.

Sobald es ihm besser ging, fuhr er nach Pretoria, um den zuständigen Regierungsbeamten zu sprechen. Zu seiner Freude fand er heraus, daß dieser Mann auch ein Christ war. Die Dinge kamen in Gang, und er erhielt die Genehmigung — allerdings nur für zehn Tage. Freudig ging er durch die Straßen Pretorias, begleitet von Adam Mtsweni, dem Musik- und Gesangsleiter des Teams. Während sie durch die belebten Straßen gingen, bemerkte Pastor Mtsweni: ,,Na, egal, Gott hat die Welt in sechs Tagen geschaffen, also kann Er auch Vendaland in zehn Tagen retten.'' Einige Wochen später, als er im Stadion von Sibasa das Singen leitete, hätte er fast glauben können, seine Worte würden wahr.

Es war August. Im Vendaland war trockenes, kühles Wetter zu erwarten, da es eine Gegend mit Sommerregen ist. (Jenseits des Äquators sind die Jahreszeiten umgekehrt zu den unseren.) Reinhard hatte in der Hauptstadt Sibasa das Makwarela-Stadion gemietet. Es würde abends etwas kühl werden, aber klar und trocken sein. Doch als er am ersten Tag der Evangelisation erwachte, war der Himmel grau, und später begann es zu regnen und hielt den ganzen Tag an. Es war erstaunlich, daß am Abend trotzdem 200 Menschen in das offene Stadion kamen.

Das Podium hatte nur ein sehr kleines Dach. Der Generator, der mit drei großen Strahlern für Licht sorgen sollte, war unzuverlässig. Zur Vorsicht nahm Reinhard eine Taschenlampe mit, um im Notfall die Bibel lesen zu können. Es war nicht nur naß, es wehte auch ein kalter Wind durch das Stadion. Als er vor den durchnäßten Zuhörern stand, fragte er sich, wie sie so still sitzen konnten. Seine Zähne klapperten, und er zitterte vor Kälte.

Doch es kam noch schlimmer. Die Strahler begannen zu flackern; der Generator stotterte und versagte ganz. ,,Es schien für diesen Generator eine Ehrensache zu sein, mindestens zweimal in jeder Versammlung aufzugeben'', erinnert sich Reinhard lachend. Da er denen, die am Generator arbeiteten, seine Taschenlampe bringen wollte, verließ er das Podium, übersah aber in der Dunkelheit eine Stufe, stolperte und saß in einer schlammigen Wasserpfütze. Voller Schmutz und Nässe dankte er Gott leise für die augenblickliche Dunkelheit.

Die Nässe und Kälte hielten auch am nächsten Tag an. Reinhard suchte in der ganzen Stadt nach Wärmflaschen für sein Team. Leider gab es keine, was für Sibasa eigentlich nicht überraschend war, da es das ganze Jahr warmes tropisches Wetter gibt. So zogen alle zwei Paar Socken an und jedes Hemd und jede Strickjacke, die verfügbar waren. Trotzdem hatte sich die Besucherzahl am Abend verdoppelt auf 400. Der Grund war, daß an beiden Abenden bemerkenswerte Heilungen geschahen, die sich schnell herumsprachen. Dann hörte der Regen auf, und am dritten Abend hatte sich die Besucherzahl wiederum verdoppelt.

Nun kam die Arbeit erst voll in Schwung. Am 7. Abend füllten 30 000 Menschen das Stadion bis zum Fassungsvermögen. Immer wieder gab es Probleme. Das Lautsprecher-System brach zusammen, und Reinhard und sein Übersetzer mußten schreien, so laut sie konnten. Schwierigkeiten? Gewiß! Aber der Segen floß überströmend. Jeden Abend nahmen viele Menschen Jesus als ihren Erlöser an. Der Jubel im Stadion war weithin zu hören, wenn Menschen geheilt wurden. Mitevangelist Kolisang wurde mächtig von Gott gebraucht, wenn er für die Kranken betete. Ein Krüppel warf seine Krücken fort, als für ihn gebetet wurde. Er war wunderbar geheilt. In seinem Zeugnis berichtete er, daß sein Geburtstag war. ,,Welch herrliches Geschenk hat der Herr mir gegeben. Nun kann ich wieder richtig gehen.'' Die Menge jubelte, daß man denken konnte, ein Fußballspiel sei im Stadion auf dem Höhepunkt. Gottes Wind wehte durchs Vendaland. Von der geringsten Hütte bis in den Palast des Präsidenten sprach man davon.

Während Reinhard eines Nachmittags in seinem Wohnwagen betete, sagte der Herr ganz klar zu ihm: ,,Geh und kaufe ein schönes Geschenk für den Präsidenten des Vendalandes.'' Da er in Sibasa nichts Passendes fand, fuhr er 80 Kilometer bis in die Stadt Louis Trichardt. Nachdem er in mehreren Läden gewesen war, kaufte er eine sehr schöne Vase. Auf dem Rückweg nach Sibasa grübelte er darüber nach, wie er dem Präsidenten das Geschenk geben sollte, da er nie daran gedacht hatte, ihn zu besuchen oder zu den Versammlungen einzuladen. Jedenfalls hatte er die Vase, gut als Geschenk verpackt, und würde sehen, was geschah. Und es geschah sehr schnell.

Kaum hatte er seine Wagentür geöffnet, als ein Mitarbeiter gelaufen kam. Der Präsident des Vendalandes wünschte ihn zu sprechen — an diesem Nachmittag um 16 Uhr. ,,Ist das nicht wunderbar'', rief Reinhard. ,,Ich habe gerade ein Geschenk für ihn gekauft. Preis dem Herrn!'' Alle beeilten sich und schlüpften in ihre besten Anzüge. Mit Bibel und Geschenk, jemand trug das Akkordeon, machte sich Reinhard mit einigen Mitarbeitern auf den Weg.

Alle Kabinettsmitglieder und ihre Frauen waren in der Residenz des Präsidenten versammelt. Reinhard und seine Mitarbeiter wurden in einen großartigen Salon geführt, wo etwa 30 Leute auf sie warteten. Präsident Mphephu schüttelte jedem die Hand und sagte: ,,Pastor Bonnke, es tut mir leid, daß Sie so viele Schwierigkeiten hatten. Ich hörte aber auch, daß Gott mein Volk durch Sie und Ihr Team gesegnet hat. Ich habe Sie gebeten zu kommen, weil auch wir hören wollen, was Gott uns zu sagen hat.''

Reinhard ergriff die Gelegenheit, die Mitglieder der Regierung zu erreichen, und hielt ihnen eine richtige Evangelisationspredigt. Er predigte, als habe er 500 000 Zuhörer vor sich. Als er zum Ende kam, fragte er sich, ob er die Worte einfach so hängen lassen sollte? Eigentlich mußte er das Netz auswerfen, aber vielleicht verstieß ein solcher Aufruf zur Entscheidung gegen das Protokoll? In diesem Augenblick mahnte ihn der Heilige Geist: ,,Altarruf — kein Protokoll!'' Gehorsam wandte er sich an seine prominenten Zuhörer und sagte: ,,Wir wollen unsere Häupter vor Gott neigen und beten . . . Wer möchte sein Leben Jesus übergeben?'' Er blickte auf seine Zuhörer. Da erhob sich eine Hand. Sein Herz bebte, denn es war die von Präsident Mphephu. Dann meldete sich auch der Innenminister und andere folgten. Vielleicht hatten sie keine andere Wahl, weil der Präsident den Anfang gemacht hatte? Es war eine ungewöhnliche Szene, als Reinhard und seine Mitarbeiter dem Präsidenten und seinen Ministern die Hände auflegten und mit ihnen beteten. Halleluja- und Preis-dem-Herrn-Rufe erklangen, als die Führer des Volkes die Erlösung in Jesus annahmen.

Die Versammlungen im Stadion erreichten einen gewaltigen Höhepunkt. Als Reinhard im letzten Gottesdienst über das Meer von Gesichtern blickte — es wurden etwa 40 000 Besucher geschätzt — erinnerte er sich an ein Kindheitserlebnis in Deutschland. In einer Gebetsstunde, er war damals elf Jahre alt, sah eine Frau in einer Vision, wie ein kleiner Junge vor einer großen Menge schwarzer Menschen das Brot brach. Hier stand er nun, 26 Jahre später, und brach das Brot des Lebens vor seinen Zuhörern. Tränen traten in seine Augen. Leise flüsterte er: ,,Wie groß bist Du . . .'' Vendaland war durch das Evangelium gewaltig bewegt worden, und für 1978 wurde eine weitere Evangelisation geplant — dann schon im neuen Zelt.

Als 1977 zu Ende ging, bekam das CfaN-Team die endgültige, alle begeisternde Bestätigung, daß für 1978 das neue Zelt zur Verfügung stand.

Mit besonderer Freude und Erwartung zog das Team in die erste Evangelisation des Jahres 1978 nach Pietersburg in Nordtransvaal. Als sie dort ankamen, erregte die Flotte von Lastwagen, Autos und Wohnwagen, beladen mit Zeltausrüstung, großes Aufsehen. Noch größer wurde es, als das neue Zelt stand. Es war viel größer als alle Zelte, die sie je vorher gesehen hatten. Es sollten darin 10 000 Menschen Platz haben; doch dies war nur möglich, wenn sich die Besucher auf kleinen, engen Bänken zusammendrängten, was sehr oft geschah. Gar manches Mal standen die Menschen noch in mehreren Reihen draußen um das Zelt herum.

Mit diesem gelben Zelt zog das CfaN-Team in den nächsten fünf Jahren kreuz und quer durch das südliche Afrika, sogar so weit nordwärts wie Sambia. Es war ein Symbol für die brennende Vision Reinhards, Afrika für Jesus zu gewinnen und für den außergewöhnlichsten Evangelisations-Dienst, den Afrika je gesehen hat.

Die erste Arbeit mit dem Zelt wurde ein wunderbarer Erfolg und gab dem Team neue Zuversicht, sich wegen des Regens keine Sorgen mehr zu machen, denn die Versammlungen dauerten oft bis zu vier Stunden, wobei die Besucher oft lange Zeit sangen und tanzten, was nicht verwunderlich ist, da Singen und Tanzen einfach zur Natur des Afrikaners gehört.

Von Pietersburg zog die Zelt-Karawane weiter nordwärts, für eine zweite Arbeit im Vendaland. Dieses Mal zu dem entlegenen Ort Njelele, wo Reinhards Glaube sehr auf die Probe gestellt wurde.

10. Kapitel

Im Kampf mit Satans Macht

DER DÄMONEN-BERG

In Njelele machte das neue gelbe Zelt in der einfachen ländlichen Umgebung einen recht königlichen Eindruck. Doch es stand auch im Schatten eines unheimlich drohenden Berges. Das Zelt, das mit den Lastwagen mehr als DM 600 000,— gekostet hatte, war Reinhards und des Teams Stolz und Freude. Doch innerhalb weniger Tage stand das erst zwei Monate alte Zelt inmitten einer grauen, nassen und trostlosen Lage. Die Seiten waren voller Schlamm, und Teile des Daches waren zerrissen und hingen in Fetzen. Es schwankte im Sturm wie ein Schiff in aufgewühlter See, und Wasserströme liefen an den Seiten herunter. Außerhalb des Zeltes schauten Männer voller Verzweiflung auf die Trossen und Anker, die das Zelt sicherten. Der Boden war wie ein Sumpf und wollte die eisernen Zeltanker nicht mehr halten. Das Zeltteam kroch in der Dunkelheit und dem Regensturm mit Taschenlampen um das Zelt herum und war doch hilflos gegen die Macht des Wetters. Jeden Augenblick konnte das Zelt zusammenbrechen.

Im Inneren spendete das von einem Generator erzeugte Licht etwas Wärme und Trost. Ungefähr 100 Besucher blickten auf Reinhard, der tapfer versuchte zu predigen. Es schien hoffnungslos. Doch er wollte die wenigen Menschen, die gekommen waren, das Evangelium zu hören, nicht enttäuschen und machte trotz des Unwetters weiter. Die Zuhörer lauschten aufmerksam. Sie waren sich der Gefahr nicht bewußt.

Kaum hatte er Amen gesagt, kam Eugen Würslin, der Zeltmeister, auf das Podium gestürmt. Er war durchnäßt und ließ eine Wasserspur hinter sich. „Schließe die Versammlung sofort", drängte er, „es ist dringend. Wir müssen das Zelt räumen. Die Anker halten nicht länger, und wenn sie nachgeben, stürzen sieben Tonnen Stahl, Kabel und Planen auf die Versammlung. Es kann jeden Augenblick geschehen." Reinhard hörte in Eugens Tonfall, wie groß die Gefahr war. Er wandte sich an die Zuhörer und sagte: „Es tut mir leid, wir müssen die Versammlung schließen. Das Zelt muß abgebrochen werden."

Während er noch sprach, begann die Mannschaft schon mit der Arbeit. Der Regen strömte, und vom Njelele-Berg her tobte der Sturm in mächtigen Stößen, von dem Berg her, der nach dem Glauben der Leute hier von alters her der Wohnsitz der Geister ihrer Ahnen war. Der Berg war den Menschen dieses Landes heilig. Warnend hatte man das CfaN-Team darauf hingewiesen, daß dort oben böse Geister wohnen sollten. Ein Pastor aus der Umgebung berichtete Reinhard: „Vor einiger Zeit war ein Missionar hier und stellte das Zelt an genau dem Platz auf, an dem jetzt eures steht. Ehe er seine erste Predigt halten konnte, begann ein fürchterlicher Sturm vom Berg her zu toben und riß das Zelt in Stücke. Der Missionar packte ein und reiste ab, so schnell er konnte."

Eine solche Drohung sah Reinhard natürlich nur als Herausforderung an. Er antwortete: „Das wird bei uns nicht geschehen." Doch als er nun in dem immer mehr schwankenden Zelt stand und das Wasser sah, das unten hereinlief, schienen diese kühnen Worte sehr hohl zu klingen.

Von Anfang an war das Wetter gegen sie gewesen. Zeltmeister Würslin hatte Tag und Nacht gekämpft, damit das Zelt stehen blieb. Nachts konnte man des Sturms wegen kaum schlafen. Reinhard dachte an den Morgen; es war gegen 5 Uhr, als jemand heftig an seinen Wohnwagen pochte. Es war Eugen Würslin. Als Reinhard antwortete, rief er: „Etwas Schreckliches ist geschehen. Sieh es dir an." Schlaftrunken zog er einen Regenmantel über und stolperte hinaus. Seine Schuhe versanken sofort im Schlamm. Als sie sich dem Zelt näherten, weiteten sich seine Augen vor Schreck. Einer der Masten war geknickt und im Zeltdach war eine tiefe Mulde. Mehrere Tonnen Wasser hatten sich darin gesammelt und drohten, das Zelt jeden Augenblick umzustürzen.

Er gibt zu, daß Verzweiflung ihn packen wollte, als er den Zustand des Zeltes und das trostlose Wetter sah. Alle Jahre des Betens und Glaubens für das Zelt, die Monate der Verhandlungen und Arbeit und all das Geld . . . Diese Gedanken jagten durch seinen Kopf, als Eugens drängende Stimme ihn in die Gegenwart zurückriß. „Es gibt nur eine Möglichkeit", sagte er, „wir müssen einen Schnitt in das Dach machen und das Wasser auslaufen lassen."

Reinhard blickte nochmals auf das Zelt und dann in Eugens Gesicht. ,,Also gut, fangt an'', nickte er. Ihm war, als hätte er ein unschuldiges Opfer verurteilt. Doch dann brach seine hartnäckige Natur wieder durch. Ob Feuer oder Regen — die Evangelisation würde weitergehen. Das sagte er auch klar zu Eugen: ,,Aber das Zelt werden wir nicht abbrechen. Im Namen Jesu werden wir weitermachen.''

Und sie hatten weitergemacht. Straßen wurden unpassierbar, Brücken waren weggespült. Und trotzdem waren immer noch etliche Dutzend Menschen zu den Gottesdiensten gekommen. Bis zu diesem Augenblick waren sie sozusagen ,,zum Sieg gehinkt''. Doch nun schien die Niederlage unvermeidlich, überlegte Reinhard, als er der Zeltmannschaft zusah, die fieberhaft noch größeres Unheil zu verhindern suchte.

Als er so zuschaute, trat ein Mann zu ihm. Er erkannte Herrn Elijah Mulawudzi, der in der letztjährigen Sibasa-Evangelisation gerettet und von einer Magenkrankheit geheilt worden war. Herrn Mulawudzis Augen strahlten, als er sagte: ,,Pastor, hast du nicht gepredigt, daß für den, der glaubt, alle Dinge möglich sind?'' Reinhard dachte nach: Die Worte waren in dieser Lage wirklich eine Herausforderung. Jawohl, er hatte das gepredigt, und nicht nur das, sondern er glaubte es auch. ,,Du hast recht'', bestätigte er. ,,Ich habe das gepredigt — und ich glaube es!'' Während er diese Antwort gab, geschah etwas in seinem Inneren. Es war, als erwache er aus einem üblen Traum. Er konnte nun sehen, daß immer noch alles in Ordnung war. Das Spinngewebe des Zweifels, das sich über sein Herz gelegt hatte, wurde vom Heiligen Geist zerrissen. Er blickte auf die äußerlich immer noch unveränderte, scheinbar hoffnungslose Lage. Aber in seinem Herzen hallten die Worte Jesu wider: ,,Alle Dinge sind möglich für den, der da glaubt.''

Die Mutlosigkeit verschwand. Wie ein Feldwebel schritt er zu der Zeltmannschaft, die mit Trossen und Tauen kämpfte. Er rief sie zusammen und sagte: ,,Ich nehme alle Verantwortung von euch, wenn etwas schiefgeht. Im Namen Jesu übernehme ich die volle Verantwortung; aber das Zelt wird nicht abgebrochen. Wir bleiben und predigen weiter das Evangelium.'' Erstaunen lag auf den Gesichtern seiner Mitarbeiter, doch die Herzen wurden ebenfalls von Glauben ergriffen. Alles würde gut werden, obwohl ihre Augen und ihr Verstand ihnen das Gegenteil sagten.

Die Mannschaft machte sich wieder an die Arbeit, das Zelt aufrecht zu halten. Doch es dauerte nur noch ganz kurze Zeit — dann geschah das Wunder. Der Regen hörte auf, und der Sturm legte sich. Stille trat ein nach dem tagelangen Toben der Elemente. Und dieser Friede und heilige Ehrfurcht erfüllten auch die Herzen aller Beteiligten. ,,Ja, alle Dinge sind möglich für den, der da glaubt'', war das dankbare Gebet des Teams, als sie nun begannen, den Herrn zu preisen.

Ein gewaltiger Sieg folgte. Die Sonne begann zu scheinen, und der Boden trocknete. Und nun strömten die Leute von allen Seiten. Wie eine Armee von Ameisen kamen sie über steinige Pfade und über das offene Feld zum Zelt. Es war erstaunlich. Bald standen noch mehr Besucher außerhalb des Zeltes, als im Inneren Platz hatten. Es wurde ein riesiger Triumph für das Evangelium, als der Heilige Geist die Herzen der Menschen in der ganzen Gegend zu bewegen begann.

Hier begegnete Reinhard auch dem Präsidenten des Vendalandes, Häuptling Mphephu, wieder. Er kam mit anderen Würdenträgern zu einer der letzten Versammlungen. Staunend erlebte er mit, wie etwa 1500 Menschen unter der Kraft des Heiligen Geistes zu Boden fielen und begannen, in neuen Zungen zu reden. Der Präsident war aufgesprungen und fragte Reinhard: ,,Sag Pastor, welche Kraft ist dies?'' Lächelnd antwortete er: ,,Eure Exzellenz, was Sie sehen, ist die Kraft des Heiligen Geistes.'' Als sich der Präsident mit seinen Begleitern verabschiedete, nahm er Reinhard beiseite und bat ihn ernsthaft, eine weitere Evangelisation im Vendaland zu planen.

Als es Zeit war, abzubrechen und weiterzuziehen, geschah es im hellen Sonnenschein. Die Leute der Gegend hatten keine Angst mehr, sondern sangen jetzt ein neues Lied mit dem Text: ,,Jesus ist stärker als die Dämonen auf dem Berg...'' Als Reinhard auf die Abfahrt wartend im Auto saß, kamen einige Frauen aus dem Busch gerannt und baten ihn, noch nicht abzureisen, weil ihnen erst jetzt von den Versammlungen erzählt worden war und sie das Evangelium noch nicht gehört hatten. Sein Herz wurde dadurch sehr bewegt und erinnerte ihn wieder an Jesu großen Auftrag, das Evangelium in aller Welt zu predigen.

Durch den Glauben war in Njelele ein mächtiger Sieg errungen. Mit diesem freudigen Glauben zogen sie zur nächsten Arbeit nach Mahwelereng, die für April geplant war. Jeden Abend kamen bis 5000 Menschen in das gelbe Zelt, und in jeder Versammlung bekehrten sich Hunderte zu Jesus; wie jener junge Mann, der mit

Zorn und Haß ins Zelt kam. Nach seiner Bekehrung erzählte er: ,,Ich kam in das Zelt, um nach den Mädchen zu schauen und mir eine auszusuchen. Als ich den weißen Mann als Prediger sah, packte mich der Zorn. Ich konnte bei der weißen Haut nichts anderes denken als an Mord. Als ich mich im Zelt umsah, hörte ich hinter mir eine laute Stimme: »Jesus liebt dich!« Ich fuhr herum, konnte aber niemand sehen, der die Worte gesagt haben konnte. Da wurde mir plötzlich bewußt, daß ich mich in der Gegenwart Gottes befand. Ich dachte: ,,Es gibt keinen Menschen auf Erden, der mich liebt. Wer sollte mich auch lieben? Jesus etwa?« Ich setzte mich und lauschte gespannt dem weißen Prediger. Als er fragte, wer Jesus sein Leben übergeben wolle, rannte ich nach vorn. Tränen liefen über mein Gesicht. Jesus liebt mich und Er starb für mich.''

Der junge Mann kam auf das Podium. Weinend umarmte er Reinhard. Es war eine wunderbare Lebensverwandlung, so wie aus Saulus durch die Begegnung mit Jesus Paulus wurde. Er bekannte, mit sieben Mädchen zugleich Verhältnisse zu haben. Er besuchte sie alle und teilte ihnen mit, daß es damit zu Ende sei. Später ging er zur Bibelschule und ist heute ein Prediger des Evangeliums.

Nach der Mahweloreng-Evangelisation ging das Team zurück ins Hauptquartier für ein wichtiges Ereignis. Während des Zeltkaufs und der ersten Evangelisationen war auch das Bauprojekt für die Verwaltungsbauten in Witfield beendet worden. Am 4. Mai 1978 war die Einweihung. Etwa 800 Freunde und Unterstützer der CfaN-Arbeit waren anwesend. Alle Festredner brachten die Überzeugung zum Ausdruck, daß Gott die CfaN-Arbeit noch für eine der größten Seelenernten aller Zeiten gebrauchen würde. Schon heute sieht man, daß diese Voraussagen sich erfüllen.

Doch gefeiert wird bei CfaN nie lange. Die Arbeit im Reich Gottes ruft. Reinhard fuhr im Mai/Juni zu einer Predigt-Tour nach Deutschland. Anschließend kam die nächste Evangelisation mit dem Zelt in Phalaborwa, wo jeden Abend mehr als 1000 Menschen zu Jesus kamen. Im Juli folgte noch ein evangelistisches Seminar in der Bibelschule Mabopane, Pretoria. Anschließend kam eine Evangelisation in Greenvally, Acornhoek, im nordöstlichen Transvaal. Hier wurde Reinhards Glaube von den Mächten Satans wieder besonders auf die Probe gestellt.

SPRICH ZUM TEUFEL

Die Zeltkarawane fuhr voraus, um in Greenvally schon alles aufzubauen. Reinhard war noch im Hauptquartier in Witfield, als er
einen dringenden Anruf von Zeltmeister Eugen Würslin erhielt. Er
sagte, der Platz, auf dem das Zelt stehen sollte, sei sehr schlecht.
Alles ist in Ordnung, solange es nicht regnet. ,,Doch wenn es regnet, gibt es eine Katastrophe. Dann bricht alles zusammen", warnte
der Zeltmeister, der immer noch an die schlimmen Erfahrungen
von Njelele dachte. Nachdem Reinhard zugehört hatte, sagte er ruhig: ,,Stellt das Zelt auf... Im Namen Jesu, es wird nicht regnen
noch Sturm geben." Reinhard ahnte nicht, daß er mit dieser kühnen Erklärung dem Teufel den Fehdehandschuh hingeworfen hatte
— das sollte nicht unbeantwortet bleiben.

Als er in Greenvally ankam, schaute er sich am Zeltplatz ver-
wundert um. Außer einigen mageren Schafen und Ziegen war niemand zu sehen. Er fragte sich, ob der Zeltmeister den Platz ver-
wechselt hatte. Doch es war kein Fehler. Als die Sonne unterging,
kamen die Leute über alle grünen Hügel und aus den Tälern rings-
um. Die Luft war erfüllt mit Gewirr tausender Stimmen. Etwa 8000
Menschen kamen jeden Abend ins Zelt. Am Ende der Arbeit hatten
rund 8000 Menschen Entscheidungskarten ausgefüllt. Doch dieser
Sieg war nicht ohne geistlichen Kampf zu erringen — einen Kampf,
den es ähnlich vielleicht in ganz Afrika auszufechten gibt.

Am achten Tag der Evangelisation saß Reinhard über seiner
Bibel, als sein Wohnwagen von einem Windstoß getroffen wurde.
Das helle Sonnenlicht wurde matter. Er trat ins Freie und blickte
nach den Bergen im Westen. Was er sah, ließ ihn seufzen. Schwarze
Wolken zogen über die Hügel, und ein heftiger Wind trieb die Wolken schnell näher, gerade auf das Zelt zu. Kein Zweifel, Satan forderte seinen Glauben heraus, und eine Katastrophe in Form eines
ungeheuren Gewitters kam auf sie zu. Schon wurde der Wind so
stark, daß er ihm das Haar zerzauste. Da sprach der Heilige Geist
zu ihm.

Reinhard berichtet: ,,Der Heilige Geist sagte: »Sprich zum Teufel. Schilt den Teufel.« Ich wandte mich also den bösen, schwarzen
Wolken zu, erhob meinen Finger und rief: »Satan, ich rede jetzt im
Namen Jesu zu dir. Teufel, wenn du mein Zelt zerstörst, dann werde ich Gott vertrauen, daß ich ein neues bauen kann, das dreimal so
groß ist wie dieses!« Meine Worte hallten über das offene Feld.

Und dann geschah vor meinen Augen etwas fast Unglaubliches. Wind und Regen wichen nach rechts und links aus und machten einen Bogen um das Zelt. Der Sturm berührte uns nicht, und kein Regentropfen fiel auf das Zelt. Der Heilige Geist flüsterte mir zu: »Sieh, Glaube erschreckt den Satan.«

Begeisterung packte mich. Satan hatte uns herausgefordert. Ich hatte der Herausforderung im Namen Jesu widerstanden, und Satan war besiegt. Jawohl, der Teufel fürchtet wahren Glauben! Welch wunderbare Wahrheit. Kein Wunder, daß Gottes Wort sagt, daß wir mit dem Schild des Glaubens die feurigen Pfeile des Teufels auslöschen können. Glaube läßt Satan und seine höllischen Horden fliehen. Preis sei Gott!

Während ich als einsamer Beobachter dem seltsamen Geschehen zuschaute, das wirklich ein geistlicher Kampf in himmlischen Örtern war, kam mir ein überraschender Gedanke. Vielleicht hatte ich mich dem Teufel gegenüber nicht klar genug ausgedrückt, so daß er mich mißverstehen könnte? Also rief ich nochmals mutig: »Teufel, im Namen Jesu rede ich noch einmal zu dir. Obwohl du Wind und Regen hast vorüberziehen lassen, heißt das nicht, daß ich einen Vertrag mit dir gemacht hätte. Ich werde trotzdem in jedem Falle ein größeres Zelt bauen.« Es war nötig, klarzustellen, daß ich mit dem Teufel keinen Handel machen würde. Gott hat uns befohlen, den Satan auszutreiben, und das will ich tun, solange ich auf Erden lebe.''

Viele Menschen werden nicht verstehen, wie man auf diese Weise mit dem Teufel reden kann. Doch Reinhard ist auch nicht ,,irgendein Mensch'', sondern wirklich ein Kämpfer Gottes in der vordersten Frontlinie im schwarzen Erdteil Afrika, wo Satans Macht sich besonders zeigt.

Dieses Ereignis war auch der erste Anlaß zu einem Gedanken, den er noch lange still im Herzen trug. Ein anderes Zelt — und es sollte das größte Zelt werden, das je auf Erden zu sehen war. Es vergingen weitere fünf Jahre, bis es zum ersten Mal auf afrikanischem Boden aufgerichtet wurde. Doch als es dann geschah, staunte die gesamte Christenheit.

Die letzte Evangelisation des Jahres 1978 fand in dem schönen Bergland Qwa-Qwa an der Nordgrenze Lesothos statt. Mittlerweile hatte CfaN einen Autobus mit 64 Sitzplätzen angeschafft, der immer in die Schulen fuhr und die Kinder zu den Versammlungen ins Zelt holte. In der Qwa-Qwa-Arbeit gab ein Schulrektor seinen Kindern nicht die Genehmigung, zu diesen Versammlungen zu fahren, weil er glaubte, CfaN sei eine gefährliche religiöse Sekte.

Doch eines der Mädchen stahl sich davon und ging in das Zelt. Einer ihrer Füße war leicht verkrüppelt, deshalb mußte sie Spezialschuhe tragen. In der Versammlung predigte Pastor Kolisang. Während sie aufmerksam zuhörte, geschah das Wunder: Ihr Fuß wurde normal, sie war geheilt. Am nächsten Abend gab sie vor 5000 Menschen im Zelt Zeugnis: ,,Gott hat meinen Fuß geheilt, Er hat mir ein neues Paar Schuhe gegeben (die Spezialschuhe paßten nicht mehr), und vor allem gab Er mir ein neues Herz. Ich habe Ihn als meinen Erlöser gefunden.'' Auch in ihrer Schule zeugte sie davon. Kurz darauf rief der Rektor bei Reinhard an: ,,Schickt bitte euren Bus und holt die Kinder zur Versammlung.'' Während der nächsten Tage bekehrten sich Hunderte von Kindern zu Jesus.

Während dieser Evangelisation hatte Reinhard eine seltsame Vision. Gott hatte sich mächtig bezeugt. Viele Menschen waren geheilt worden, und Tausende hatten sich bekehrt. Nun sah Reinhard in der Vision, wie Satan auf Krücken ums Zelt humpelte. Der Heilige Geist sagte: ,,Sieh, der Feind trägt die Zeichen der Niederlage.'' Für Reinhard war es eine Bestätigung für ihren weiter wachsenden Dienst. Mittlerweile war das Team auf 32 Vollzeitmitarbeiter angewachsen. Doch auch später noch erinnerte er sich ab und zu an diese Vision, denn Satan versuchte immer wieder, die Rollen umzukehren.

Gegen Ende des Jahres hatte Reinhard eine andere übernatürliche Vision. Er sah sich am Ruder eines riesigen Kriegsschiffs stehen. Es war schwer bewaffnet, nach allen Seiten ragten die Kanonenrohre. Doch als er nach vorn und auf das Wasser schaute, bemerkte er, daß dieses Schiff auf einem kleinen Fluß fuhr, fast nur ein Bach, und ein wenig voraus kam eine enge Kurve. In der Vision drehte er wild am Steuerrad. Es gab aber nicht genug Wasser zum Drehen. Das Schiff saß fest.

Als er erwachte, dachte er über die Bedeutung des Gesichts nach. ,,Herr, was ist der Sinn?'' fragte er. Sofort erhielt er Antwort: ,,Das ist CfaN.'' Er erzählt: ,,Mir stockte der Atem. Mein Herz schlug schneller. »Herr, rennen wir uns fest?« Dann kam in der Stille der Nacht die Auslegung: »Ein Schiff wird vom Wasser getragen. Genauso wird die CfaN-Arbeit von heiligen Gebetshänden getragen. Aber deine Basis ist hier zu klein. Du brauchst mehr heilige Gebetshände, die deine Arbeit vor Gottes Thron tragen.

Jeder Gebetspartner ist ein Zentimeter Wasser in dem Fluß. Ein Kriegsschiff braucht nicht nur Kampfkraft, sondern auch Manövrierraum, um erfolgreich zu kämpfen.«"

Es war eine rechtzeitige Warnung, denn in den nächsten Jahren wurde CfaN in einen mächtigen geistlichen Kampf verwickelt, als die Planung für das riesige neue Zelt vorwärts ging. Er begann sich sofort zu bemühen, mehr Gebetspartner zu gewinnen. Ein persönlicher Brief ging an die schon große Zahl seiner Unterstützer, in dem er jeden bat, mindestens sechs weitere Gebetspartner für seine Arbeit zu gewinnen. Seither ist die Zahl seiner Gebetspartner in der ganzen Welt immer mehr gewachsen, so daß die Christen auf diese Weise Gelegenheit haben, an der großen CfaN-Arbeit in Afrika teilzunehmen.

BEDROHT VON SATANISTEN

Im Juli/August stand das Zelt in Malumelele. Die nächst größere Stadt ist Pietersburg. Die Lastwagenkolonne fuhr in einer riesigen Staubwolke nach dort, weil es monatelang nicht geregnet hatte. Doch der innere Zustand der Bewohner war noch schlimmer. Es war eine geistliche Wüste, in der Angst und Zauberkräfte regierten.

Jeden Abend wurde der Gottesdienst von Menschen unterbrochen, die schreckliche Schreie ausstießen. Und auch während des Tages gingen Menschen stöhnend und schreiend um das Zelt herum. Reinhard und das Team bekamen wegen der bedrohlichen Atmosphäre und wegen der in die Ohren gellenden Schreie, die auch des Nachts ertönten, nur wenig Schlaf. Sie fühlten sich wie inmitten eines Alptraums. Reinhard war klar, daß ein gewaltiger übernatürlicher Kampf tobte, während der Heilige Geist versuchte, die Menschen der Gegend zu befreien. Die dämonischen Mächte fühlten sich herausgefordert und reagierten mit diesen schrecklichen Schreien.

Er fragte sich aber auch, warum die dämonischen Mächte sich gerade hier so stark um das Zelt lagerten. Deshalb besuchte er eines Tages ein in der Nähe gelegenes Dorf. Wie die meisten afrikanischen Dörfer bestand auch dieses aus einer Anzahl Lehmhütten mit Grasdächern. Aber neben diesen normalen Wohnhütten gab es andere kleinere Hütten. Als Reinhard in eine davon hineinschaute, fand er sie angefüllt mit Zauberfetischen und mit seltsamen Schriftzeichen. Er erfuhr, daß diese Hütten heilige Schreine für Dämonengeister waren. Es schien Reinhard, als hätten sich die Dorfbewohner durch einen Pakt freiwillig unter die Herrschaft dieser Dämonengeister gestellt. Doch nun hörten sie das Evangelium und wollten von diesen Mächten frei werden. Aber die Dämonen waren nicht bereit, ihre Opfer, die sie bisher gequält hatten, loszulassen.

Der Fall eines jungen Mädchens ist typisch für das, was während dieser Evangelisation geschah. Sie kam eifrig ins Zelt, um das Evangelium zu hören, aber sobald sie es betrat, verfiel sie in Raserei. Sie schien ganz normal zu sein, bis sie das Zelt betrat. Reinhard und seine Mitarbeiter beteten für sie, doch sie wurde nicht frei von den bösen geistlichen Mächten. Pastor Kolisang besuchte ihre Hütte. Wie vermutet, fand er dort ein großes Lager mit Zaubereidingen, Zaubermedizin und anderen gefährlich aussehenden Dingen. In dem Augenblick, als diese Sachen entfernt und verbrannt waren, wurde das Mädchen frei. Ehe Reinhard das Dorf verließ, durfte er noch voller Freude miterleben, wie das Mädchen mit dem Heiligen Geist getauft wurde und Gott in neuen Zungen pries.

Dieses Erlebnis bestärkte Reinhard darin, alle Neubekehrten zu ermahnen, sich von ihrer Vergangenheit, von den Götzen und von allen Zaubereidingen loszusagen und sie wegzuwerfen. Immer wieder hat er erlebt, daß die Menschen nur dann wirklich vom dämonischen Einfluß frei werden, wenn sie alle Zaubereidinge zerstören. Deshalb ist das Podium seines Zeltes nach dem Altarruf in der Versammlung oft mit Gegenständen übersät — Stücke von „heiligen" Schnüren, Teile von Tierhäuten, trockene Knochen und viele andere seltsame Dinge werden dort hingeworfen.

Wenn Reinhard am Anfang seines Dienstes mit dämonischen Mächten Berührung bekam, eilte er gewöhnlich von einem Menschen zum nächsten, versuchte mit jedem zu beten und die Dämonen auszutreiben. Er sagt: „Das kostete mich viel Kraft. Ich war zum Schluß stets so erschöpft, daß mir klar wurde, ich würde nicht 40 Jahre alt werden, wenn ich so weitermachte. Ich lernte dem Heiligen Geist zu vertrauen und ließ Ihn wirken. Die Bibel sagt uns im Jakobusbrief, daß die Dämonen glauben und zittern. Dies konnten wir während der Malamulele-Arbeit klar erkennen."

Während der Jahre ist Reinhard oft von satanischen Mächten herausgefordert worden, oft ohne es zu wissen. Satanisten haben zugegeben, daß sie mit der Absicht zu den Zeltversammlungen kamen, dort Chaos zu verursachen. Einmal erfuhr er, daß vier Satanisten an vier verschiedenen Plätzen im Zelt saßen und versuchten, während seiner Predigt dämonische Mächte herbeizurufen, die sich ihm widersetzen sollten. Doch die Dämonen taten es nicht. „Die Satanisten sagten, die Dämonen seien draußen um das Zelt herumgerast, konnten aber nicht eindringen, weil es von einem Feuerwall umgeben war", erzählt er.

Als er einmal in Pretoria im Maranatha-Park predigte, kamen weitere Satanisten in die Versammlung, um Reinhard Schwierigkeiten zu machen. Die Geschichte wurde hinterher von einem der Satanisten selbst erzählt, der sich bekehrte und frei wurde. Mit diesen Satanisten war eine Hexe gekommen, die dafür bekannt war, daß ihre Zaubereien besonders wirksam waren. Als sie ihre Zauberei anfangen wollte, wurde sie plötzlich am ganzen Leib geschüttelt. Sie rief ihren Kumpanen zu: „Bringt mich hier raus! Bringt mich hier raus!" Der eine Satanist erkannte daran, daß Jesus mächtiger ist als Luzifer oder irgendeine Hexe und beschloß, ein Kind Gottes zu werden.

Während einer Predigt in Deutschland hatte er eine Konfrontation mit einer besessenen Frau. Er war etwa in der Mitte seiner Predigt, als er spürte, daß der Heilige Geist in besonderer Weise zu wirken begann. Eine junge Frau aus der Schweiz, die in einer der vorderen Reihen saß, sprang plötzlich auf und schrie. „Es klang, als wären 1000 Dämonen hier", sagte Reinhard. Die Frau rannte, so schnell sie konnte, den Gang hinunter und verließ den Saal.

Reinhard fuhr fort: „Die Stimmung in der Versammlung schien zu erfrieren, als hätte jemand eine riesige Tiefkühltruhe geöffnet. Eine Frau erhob sich und sagte: »Pastor Bonnke, ich bin zu Tode erschrocken.« Der Heilige Geist sagte zu mir: »Ich habe das zugelassen, um Meine Macht zu demonstrieren.« Ich sagte zu meinen Zuhörern: »Wie viele wollen mit mir jetzt aufstehen und in lebendigem Glauben diesen Dämonen befehlen, das Mädchen gerade jetzt zu verlassen?« Die gesamte Versammlung erhob sich, wir wiesen den Teufel im Namen Jesu zurück und nahmen den Sieg in Anspruch. Wenige Minuten später öffnete sich die Tür. Das junge Mädchen kam völlig befreit zurück. Am gleichen Tag noch wurde sie im Heiligen Geist getauft."

Die Jahre der Erfahrung auf dem Missionsfeld Afrika haben Reinhard dämonischen Angriffen gegenüber furchtlos gemacht. Er fürchtet sich nicht, den Teufel herauszufordern. Manche mögen das als Leichtsinn ansehen, doch für ihn ist es eine Frage des Vertrauens in Gottes Möglichkeiten. ,,Ich fürchte mich nicht vor dem Teufel, sondern glaube eher, er fürchtet sich vor mir'', sagt er zuversichtlich. Ein von ihm oft gebrauchter Satz lautet: ,,Glaube erschreckt den Satan — Glaube macht uns furchtlos.''

In Birmingham, England, wurde sein Glaube 1981 auf die Probe gestellt. Er erhielt einen seltsamen Brief ohne Absender. Als Unterschrift stand die Zahl 666 und andere seltsame Buchstaben. Er las: ,,Bonnke, Du bist in unser Gebiet eingedrungen. Wenn Du nicht innerhalb von zwei Tagen verschwindest, werden wir einen Fluch auf Dein Leben bringen.'' Reinhard antwortete dem Teufel: ,,Du wirst mich nicht aus Birmingham jagen, aber ich werde dich aus der Stadt verjagen.'' Einige Tage später kam ein anderer Brief. Als er ihn öffnete und wieder die Zahl 666 sah, las er ihn gar nicht, sondern zerriß ihn und warf ihn weg. Er sagte: ,,Teufel, ich lese deine Briefe nicht, sondern Gottes Briefe. Ich werde nicht gehen, aber die Tore der Hölle werden zerstört.''

11. Kapitel

Jesus heilt gebrochene Herzen

Nach der Malamulele-Arbeit rüstete das Team sich für die nächste Evangelisation in Mafikeng, in der es einige besonders bemerkenswerte Bekehrungen gab, unter anderem diese:

Ein Motorradfahrer kam die Straße herab. Als er das gelbe Zelt und den Wagenpark sah, stoppte er und fragte einige der Mitarbeiter, bis er den Weg zu Reinhards Wohnwagen fand. Der Mann, etwa Mitte dreißig, sagte: ,,Ich fuhr mit meinem Motorrad, als ich einen Ihrer Lastwagen sah mit der großen Aufschrift: »Jesus heilt gebrochene Herzen.« Pastor, ich konnte nicht weiterfahren, ich mußte einfach zu Ihnen kommen. Ich wollte nicht, aber es trieb mich. Ich habe ein gebrochenes Herz. Glauben Sie, daß Jesus mein gebrochenes Herz heilt?''

An den Augen des Mannes konnte Reinhard sehen, daß er geweint hatte. Er bat ihn in den Wohnwagen. Dort schüttete der Mann sein Herz aus: ,,Vor sieben Jahren übergab ich mein Leben Gott. Ich fand Jesus als meinen Erlöser und wurde von meinen üblen Gewohnheiten und Gebundenheiten befreit. Eines Tages fuhr meine Frau mehrere Tage zu ihren Eltern.

Ich war allein, hatte Langeweile und ging spazieren. Als ich durch die Straßen ging, stand ich bald vor einem Haus, das ich vor meiner Bekehrung manchmal besucht hatte. Es war, als würde ein Magnet mich hineinziehen. Ich hatte also den Wunsch, hineinzugehen, konnte aber nicht, weil ich Jesu Gegenwart spürte. Ich faltete die Arme über der Brust und sagte: »Lieber Herr Jesus, laß mich bitte für fünf Minuten allein, damit ich dort hineingehen und tun kann, was ich möchte.« Als ich wieder aus dem Haus kam, hatte Jesus mich allein gelassen. Und seither bin ich mit meinem Elend und gebrochenen Herzen schon sieben Jahre allein. Es ist mit mir immer schlimmer geworden — siebenmal schlimmer. Ich bin am Ende und völlig zerbrochen. Glauben Sie, daß Jesus mir noch einmal helfen kann?''

Reinhards Herz wurde bewegt. Er mußte dem Mann helfen. Was war zu tun? Innerlich betete er, dann erhielt er die Antwort. Er sagte: „Ich will Ihnen sagen, was Sie tun müssen, und ich werde Ihnen dabei helfen. Nehmen Sie meine Hand und gehen Sie im Geist diese sieben Jahre zurück. Gehen Sie durch die Straßen der Stadt zu jenem Haus, wo Sie Jesus in so folgenschwerer Weise baten, Sie allein zu lassen. Knien Sie nun nieder und sagen Sie: »Herr Jesus, ich widerrufe dieses Gebet. Bitte, vergib mir.«‘‘

Nun knieten beide nieder. Der Mann rief: „Herr Jesus, ich sage mich von dem Gebet los. Es tut mir leid. Bitte, vergib mir.‘‘ Er weinte. Doch es waren keine Tränen der Bitterkeit mehr, sondern der Freude. Eine halbe Stunde später bestieg er, immer noch weinend, sein Motorrad. Aber er trug den Himmel im Herzen. Reinhard schaute zu dem LKW, auf dem in großen Buchstaben stand: „Jesus heilt gebrochene Herzen.‘‘ Ja, es ist wahr.

Die letzten Arbeiten des Jahres 1979 fanden in East London und in Flagstaff im Pondaland statt. In East London kamen viele bußfertige Sünder nach vorn. Er forderte sie auf, alle Zaubereidinge, Schnapsflaschen und Zigaretten auf das Podium zu werfen. Während er beobachtete was alles geflogen kam, sah er etwas herauffliegen, das wie dicke Kabel aussah. Auf dem Podium angekommen, begannen die „Kabel‘‘ sich zu bewegen. Es waren drei Giftschlangen. Die Gefahr war schnell beseitigt. Der Gesangsleiter, Pastor Mtsweni, ergriff einen Mikrofonständer. Er und einige andere schlugen die Schlangen tot.

Später kam der Mann, der die Schlangen geworfen hatte, auf das Podium und gab Zeugnis. Er hatte die Schlangen von seinen Eltern geerbt und benutzte sie für Zauberei-Praktiken. „Doch jetzt möchte ich Jesus folgen und habe mit diesen Dingen nichts mehr zu tun.‘‘ Dies war ein weiteres bezeichnendes Beispiel für die überführende Kraft des Heiligen Geistes durch Reinhards Predigt.

Die Evangelisation im November in Flagstaff war wohl der Höhepunkt des Jahres. Sie dauerte 19 Tage und brachte 12 000 Entscheidungen für Jesus. Die ganze Gegend war wie umgewandelt; und wie in Bloemfontein bestätigte die Polizei eine Veränderung der Lebensgewohnheiten. Während der ganzen Evangelisation wurde bei der lokalen Polizeistation nicht ein einziges Verbrechen gemeldet. Tausende kamen jeden Tag, manche davon liefen viele Kilometer, andere kamen zu Pferde, und einige Kranke wurden sogar auf Schubkarren herbeigefahren.

Eines Abends vor der Versammlung bemerkte Reinhard eine Anzahl von Menschen, die aufmerksam einem Mann zuhörten. Als Reinhard sich näherte, wandte sich der Mann ihm zu und sagte: „Es freut mich, dich zu sehen, Pastor. Sieh, diese Frau habe ich jeden Abend mit dem Schubkarren ins Zelt gefahren, weil sie völlig gelähmt war. Es war mühsam, denn sie ist sehr schwer. Nun sieh sie an, heute ist sie den ganzen Weg den Berg herauf selbst gegangen. Ich habe nie an Gott geglaubt, aber jetzt muß ich. Heute abend werde ich mein Leben Jesus übergeben."

Da war auch die 24 Jahre alte Nokwenzani Mavundla. Vor vier Jahren bekam sie schwere ständige Kopfschmerzen. Dann begannen ihre Arme und Beine anzuschwellen. Sie wurde im Krankenhaus untersucht, man konnte aber die Ursache nicht finden. Die Eltern entschlossen sich, den Zauberdoktor zu konsultieren. Damit begann für das Mädchen ein Alptraum. Der Zauberdoktor sagte den Eltern, ihre Tochter würde ebenfalls eine Zauberin werden. Er befahl ihnen, eine Ziege zu schlachten und aus einem Teil des Felles eine Halskette zu machen, die das Mädchen tragen sollte.

So geschah es, doch dann wurde das Mädchen stumm. Freunde luden die Eltern zur Versammlung ins Zelt, und diese brachten ihre Tochter mit. Sie wurde zum Gebet nach vorn gebracht. Nachdem Pastor Kolisang mit ihr gebetet hatte, schnitt er ihr die Ziegenfell-Halskette ab. Sofort geschah ein Wunder. Sie begann zu sprechen und sogar zu singen. Dann zog sie von Dorf zu Dorf, zeugte von Jesus und berichtete überall, was der Herr für sie getan hatte. Innerhalb von neun Tagen hatte sie 30 Menschen zu Jesus geführt. Dann reiste sie 100 Kilometer zum Greenville-Missions-Krankenhaus zu Dr. Kenneth Kaufmann, amerikanischer Missionar und Arzt, der ihren Fall kannte. Das Krankenhaus-Personal war von ihrer Heilung so beeindruckt, daß sie extra eine Reise zum Zelt machten, um an einer Versammlung teilzunehmen.

Auch die Heilung von John Ncinjane erregte großes Aufsehen. Er war 1975 bei einem Bergwerksunfall verletzt worden und seitdem arbeitsunfähig. Nur auf Krücken konnte er sich mühsam etwas bewegen. Deshalb fand er auch keine Arbeit, und seine Frau war nach Durban gegangen, um den Lebensunterhalt für die Familie mit drei Kindern zu verdienen. Als John Ncinjane von den Wundern im Zelt hörte, kam er auch. Am ersten Abend nahm er Jesus als Erlöser an und suchte auch Gebet für Heilung, doch nichts geschah. Er kam aber jeden Abend wieder zum Gebet — und eines

Abends geschah es. Er warf die Krücken weg und ging. Alle Team-Mitglieder waren hocherfreut, zu sehen, wie der unerschütterliche Glaube des Mannes Erhörung fand. Jubelnd lief er nach der Versammlung drei Kilometer in die Stadt, um seine Frau in Durban anzurufen und ihr von dem Wunder zu berichten.

Große Menschenmassen wurden durch die Wunder angezogen. Doch noch wichtiger war, daß viele Tausend den Weg in das Reich Gottes fanden. Unter den Tausenden, die Jesus Christus annahmen, war auch der Paramount-Häuptling Justus Sigcau und seine Schwester Stella, beide Mitglieder des Transkai-Parlaments.

Der Paramount-Häuptling wohnt etwa eine Autostunde von dem Ort, an dem das Zelt stand, entfernt. Er lud das CfaN-Team in seinen Palast, um dort eine Versammlung zu halten. Unter den ersten, die sich meldeten, als Reinhard zur Bekehrung aufforderte, waren er selbst und seine Schwester. Am Vormittag des letzten Sonntags der Evangelisation kam Häuptling Sigcau mit seinem ganzen Gefolge, einschließlich des Polizei-Chefs, nochmals zum Gottesdienst.

DAS GROSSE ZELT

Neben aller anderen Arbeit ließ Reinhard der Gedanke an das neue große Zelt nicht mehr los. Schon zu Anfang 1979 hatte er in seiner deutschen Zeitschrift und auch in dem in Südafrika verteilten ,,Revival Report'' von seiner Absicht geschrieben, ein dreimal so großes Zelt als das derzeitig vorhandene zu bauen. Der Herr hatte ihm schon früher einmal gesagt: ,,Dies ist nicht mehr die Zeit der Sichel, sondern die des Mähdreschers.'' Die Erfahrungen seiner Evangelisationen bestätigten ihm das. Neben seinen Arbeiten in Südafrika hatte er auch schon kurze Besuche in Nigeria und Kenia hinter sich und hatte dort den gleichen Hunger nach dem Worte Gottes gesehen. Es würde neue Möglichkeiten brauchen, um diese Menschenmassen zu erreichen.

Seine Evangelisationen mit dem gelben Zelt zogen Zehntausende an. Er war überzeugt, er solle Gott nun für ein Zelt vertrauen, in dem 30 000 Menschen Platz fanden und — dies war sehr wichtig — das transportierbar war.

Dieser Gedanke wuchs langsam, wurde aber in seinem Herzen immer stärker. Doch er ging die ganze Sache sehr vorsichtig an. Er hatte den Preis von rund DM 600 000,— für das jetzige Zelt noch nicht vergessen. Und nun sollte eines entstehen, das viele Male mehr kosten würde. Er gibt zu, daß er manchmal einfach abschaltete, wenn er an das Geld dachte, das benötigt wurde. Doch während der Evangelisation in Sebokeng wurde er sehr ermutigt. Er las im Römerbrief, wo Paulus schreibt, daß Abraham im Glauben an die Verheißungen, die Gott ihm gegeben hatte, nicht strauchelte. Der Gedanke bewegte ihn: ,,Es ist nicht so, daß wir nicht straucheln könnten, sondern, daß wir in mühsamen Lagen nicht straucheln sollen.'' Das gab ihm Mut, nicht zu zweifeln. Er würde Gott für das Geld vertrauen. Es wurde also Zeit, Baupläne zu entwerfen.

Nun sprach Reinhard über seinen Auftrag mit dem Ingenieur und eifrigen Christen J. Swanepoel, und dieser begann die Statik zu berechnen und Pläne zu entwerfen. Die Schwierigkeit dabei war, daß es für ein so riesiges Zelt in der ganzen Welt noch keine auch nur annähernden Modelle oder Beispiele gab. Ein riesiges zeltähnliches Gebilde war in der Wüste von Saudi Arabien gebaut worden, allerdings als permanenter Bau; es sollte nie wieder abgebrochen werden. Das Zelt, um das es Reinhard ging, sollte aber immer wieder auf- und abgebaut und transportiert werden. Nach den ersten Plänen wurde ein Modell angefertigt mit Raum für 30 000 Menschen.

Die erste Schätzung der Kosten nach dem nun vorhandenen Modell ergab eine Zahl von 4,5 — 5 Millionen DM; diese Summe sollte die Transport-LKWs, die elektrische Ausrüstung und andere nötige Dinge mit einschließen. Es war auch bald klar, daß die riesigen Zeltplanen nicht in Südafrika hergestellt werden konnten. Also begannen Verhandlungen mit Firmen in Hongkong und Mailand.

Die italienische Firma war sehr interessiert daran, da es sich um eine neue Entwicklung handelte. Sie war deshalb bereit, ihren Gewinn so sehr wie möglich zu beschneiden. Die Italiener waren der Meinung, es müsse möglich sein, das geplante Zelt mit einem Team von 30 Leuten in etwa 6—8 Stunden aufzubauen. Es wurde auch erwähnt, daß etwa 1000 Zeltanker (Zeltheringe) zur Befestigung nötig sein würden. Bruder Swanepoel mußte nach mehreren Besprechungen mit den italienischen Fachleuten zugeben: ,,Wir haben das ganze Projekt erheblich unterschätzt.''

Als Reinhard die Zustimmung zum Beginn des Projekts gegeben hatte, glaubte er noch naiv daran, das Zelt könne in etwa 18 Monaten in seinem Besitz sein. Mit den Weihnachtsgrüßen in seiner

Zeitschrift schrieb er Ende 1979 noch: ,,Wenn Gott uns die nötigen Finanzen für das große Zelt gibt... werden wir es im neuen Jahr gebrauchen können.''

12. Kapitel

Über den Limpopo

Reinhard ging in das Jahr 1980 mit hohen Erwartungen. Die Konstruktion des großen Zeltes begann, und eine ganze Reihe Evangelisationen waren geplant, darunter ein Feldzug von fünf Monaten — von Juni bis November — quer durch Simbabwe.

Eine der ersten Verpflichtungen des neuen Jahres war sein Dienst auf der Erneuerungs-Konferenz in Johannesburg, wo er vor vielen Pastoren aus Südafrika und Übersee sprach und Gelegenheit hatte, seine Missionsstrategie darzulegen. Dann folgten zwei Evangelisationen in Atterridgeville, Pretoria, und in Tembisa. In beiden bekehrten sich Tausende von Menschen und es geschahen Dutzende von bemerkenswerten Heilungen. Von zwei besonderen, jeweils Rückenleiden, soll hier berichtet werden:

Während einer Versammlung im Maranatha-Park tat Gott ein erstaunliches Wunder vor den Augen von 6000 Menschen an der sechsjährigen Christel Rees aus Benoni. Sie war mit einer Rückgratverformung geboren und mußte deshalb immer ein Metallkorsett tragen. Ihre Eltern hatten die kleine Christel mit in den Maranatha-Park genommen, damit dort für sie gebetet würde. Das Kind hatte den Eltern erklärt, sie glaube, Jesus würde sie heilen, wenn der Prediger ihr die Hände auflegte. Doch an diesem Abend rief Reinhard die Kranken nicht zum Einzelgebet nach vorn, sondern betete für alle, die Heilung brauchten, ein gemeinsames Gebet.

Herr Rees erzählt, seine Tochter sei sehr betrübt gewesen und hätte gesagt: ,,Jesus und Pastor Bonnke lieben mich nicht.'' Voller Mitleid und Verzweiflung nahm er sie auf den Arm und lief schnell zu den Stufen, auf denen Reinhard vom Podium herunterkommen mußte. Er war gerade noch rechtzeitig da, hielt Reinhard an und berichtete, was seine Tochter gesagt hatte. Reinhard betete mit ihr. Herr Rees sagt: ,,Als Pastor Bonnke zu beten begann, ging etwas wie ein mächtiger elektrischer Schock durch Christel. Er war so stark, daß er auch noch mich durchlief. Eine Frau, die in der Nähe saß, sagte mir nachher, sie habe die Ströme auch gespürt.''

Reinhard sagte Herrn Rees, er solle Christel das Stahlkorsett abnehmen. Also ging er mit der Tochter in einen nahen Raum. Er sah sofort, daß die große Narbe auf ihrem Rücken sich zur Mitte hin verschoben hatte. Sie stammte von einer vorjährigen Operation, mit der man vergeblich versucht hatte, ihren Rücken zu richten. Er rannte, vor Freude weinend, mit seiner Tochter in die Halle zurück. In der anderen Hand schwenkte er vor der großen Menschenmenge triumphierend das Metallkorsett hoch in der Luft.

Reinhard wußte nicht, daß sich unter der Menge im Maranatha-Park ein 15jähriges Schulmädchen befand, die ebenfalls wünschte, er solle mit ihr beten. Es war Esther Langerman aus Germiston. Sie mußte auch ein Metallkorsett tragen, weil sie durch eine Krankheit einen Buckel am Rücken hatte. Ihre Eltern hatten alles versucht, was die medizinische Wissenschaft zu bieten hatte. In einem letzten verzweifelten Bemühen waren sie dabei, Geld zu sparen, um mit Esther nach Amerika zu fliegen und dort einen bestimmten Evangelisten für sie beten zu lassen. Nun hatten sie von den Wundern gehört, die der Herr durch Reinhard Bonnkes Dienst tat und waren in den Maranatha-Park gekommen. Aber es war ihnen nicht gelungen, mit ihrer Tochter zu ihm zu gelangen.

Doch sie wußten, daß Reinhard in der nächsten Woche in der Stadthalle von Johannesburg sprechen würde. Sie gingen so rechtzeitig, daß sie ganz vorn saßen und als erste mit aufstehen konnten, wenn für die Kranken gebetet wurde. In dem Augenblick, als Reinhard seine Hände auf Esther legte, fühlten sie und ihre Mutter „Wellen wie von elektrischem Strom durch sich fließen". Als Esther daheim in ihrem Zimmer war, stellte sie fest, daß sie keinen Buckel mehr hatte. Sie war geheilt! Auch der Arzt, bei dem sie dann geröntgt wurde, konnte nur noch bestätigen, daß ihr Rücken völlig normal war.

Im Zentrum von 1980 stand allerdings Simbabwe. Reinhard war 1978 schon dort gewesen, als im Land noch Bürgerkrieg herrschte. Dabei hatte er selbst einiges von dem Unheil, das dieser Krieg anrichtete, und von der Verfolgung, unter der die Christen litten, gesehen. Seither war der Wunsch in ihm, dort Evangelisationen durchzuführen, aber er hatte immer noch nach dem richtigen Zeitpunkt gefragt. Pastoren in der Hauptstadt Harare hatten gehofft, ihn bewegen zu können. Einmal hatten sie sogar schon das Sportstadion dafür gemietet. Aber er hatte stets abgelehnt. Doch nun schien ihm die Zeit gekommen.

Team-Mitglieder fuhren voraus, um die Arbeiten in Harare und Bulawayo vorzubereiten und weitere Arbeiten in anderen Zentren zu organisieren. Die Zollformalitäten für Wagenpark und Ausrüstung wurden an der Grenze geklärt, und dann rollte der CfaN-Konvoi über den Limpopo-Fluß nach Simbabwe hinein. Freudige Erregung beherrschte das Team, als sie nordwärts fuhren. Nun ging es wirklich auch in die schwarzafrikanischen Länder. Für Reinhards oft öffentlich verkündigte Absicht, mit dem Zelt eines Tages Kairo zu erreichen, war der erste Schritt getan.

In Harare traf sich das Team mit Pastoren verschiedener Bekenntnisse, die sich bereit erklärt hatten, bei der Evangelisation mitzuarbeiten. Die 40 Pastoren stellten 1000 Mitarbeiter, die in der Seelsorge und der Nacharbeit helfen sollten.

Nach Jahren des Bürgerkriegs war der geistliche Hunger groß. Reinhard und das Team erwarteten große Dinge. Sie wurden nicht enttäuscht. Nach nur drei Tagen reichte das gelbe Zelt nicht mehr aus. Nach dem Altarruf am ersten Abend kamen 3000 Menschen nach vorn, die größte Anzahl von Bekehrungen, die Reinhard je auf einmal gesehen hatte. Reinhard war gezwungen, einen größeren Versammlungsort zu suchen. Glücklicherweise war ganz in der Nähe das Sportstadion mit 30 000 Plätzen zu haben. Es war in der Wintermitte, und die Abende wurden kühl. Doch das hielt die Leute nicht ab, sie füllten das Stadion. Das Zelt wurde benutzt, um Menschen, die aus größerer Entfernung kamen, einen Schlafplatz zu geben. Sie kochten ihre Mahlzeiten außerhalb des Zeltes auf kleinen Feuern.

Reinhards Vater, vom Team liebevoll ,,Opa" genannt, war während der Hararezeit bei seinem Sohn. Eines Nachts hatte er einen besonderen Traum und sagte am Morgen als erstes zu Reinhard: ,,Ich hatte einen Traum, in dem ich das Zelt sah; aber es war leer. Ich mache mir Sorgen, daß etwas geschehen könnte."

Reinhard lächelte, er hatte seinem Vater noch nichts vom Stadion gesagt. ,,Keine Angst", erwiderte er. ,,Dein Traum stimmt. Es wird niemand mehr im Zelt sein, denn wir halten die Versammlungen jetzt im Freien."

Am letzten Abend der Harare-Arbeit waren rund 20 000 Menschen anwesend. Reinhard sprach über die Taufe im Heiligen Geist. Etwa 5000 Bekehrte kamen nach vorn, um die Geistestaufe zu empfangen. Welch ein Abend wurde es, als Wellen der Kraft des Heiligen Geistes diese Menschen durchströmten. Das Stadion war erfüllt von den Stimmen Tausender, die den Herrn in einer himmlischen Sprache priesen. Es war Pfingsten in Harare.

Die Evangelisation bekam in Radio und Fernsehen weiten Raum. Reinhard selbst konnte mehrere Male im Fernsehen erscheinen. Er hatte auch Gelegenheit, in der Harare-Universität vor rund 500 Studenten zu sprechen.

Von Harare zog die Zeltkarawane nach Bulawayo. Auch hier sammelten sich Menschenmassen, und der Herr schenkte große Siege.

Reinhard erinnert sich an einen jungen Mann, der vor dem Zelt bitterlich weinte und einen Mitarbeiter fragte: ,,Warum werde ich hier nicht akzeptiert?'' Er zeigte auf das Zelt: ,,Die Leute da drin hassen mich.'' Als der Mitarbeiter sich mit ihm unterhielt, kam bald das eigentliche Problem zutage. Dem Mann setzten seine Sünden so sehr zu, daß er empfand, Gott wolle ihn nicht akzeptieren. Als ihm die Liebe Gottes und der Weg zur Erlösung erklärt wurden, war er in wenigen Minuten im Zelt, jubelte und pries Gott. Er hatte Vergebung in Jesus Christus gefunden.

Da war auch Frau Ethne Pettifor, die von ihrem Mann und zwei Töchtern im Teenager-Alter ins Zelt gebracht wurde. Sie war in großer Not. Seit 18 Jahren wurde sie von Anfällen gequält. Dabei biß sie knirschend ihre Zähne zusammen, konnte nicht mehr sprechen und verrenkte ihre Arme in grotesker Weise. Es wurde für sie gebetet; doch am nächsten Abend kam sie wieder zum Gebet. Ein Mitglied des Teams besuchte sie daheim und verbrachte mit ihr mehrere Stunden in Seelsorge und Gebet, bis für Frau Pettifor der völlige Sieg errungen und sie ganz gesund war.

Schulrektor Ngwenya gibt als Augenzeuge folgenden Bericht von der Bulawayo-Arbeit: ,,Als die Anzeigen der Evangelisation erschienen, waren die Leute davon nicht sehr beeindruckt. Wir hatten schon manchmal von sogenannten Wunderwirkern gehört, aber es war nie etwas geschehen. Doch bei Pastor Bonnke war es anders. Die Demonstration der Kraft Gottes durch errettete und geheilte Menschen beeindruckte alle. Ich sah Trinker, die ihr Leben Gott übergaben, Rauschgiftsüchtige, die ihre Drogen und Zigaretten wegwarfen, Zauberer, die sich von ihren Praktiken lossagten und all ihre Zaubermedizin auf das Podium warfen. So etwas hatten wir vorher noch nie erlebt.''

Von Bulawayo zog das Team nach Mutare, einer hübschen kleinen Stadt in der grünen Gegend des Östlichen Hochlands. In Mutare hielten Reinhard und das Team Gebetsstunden in einem Haus der Stadt, wobei es nicht immer leise zuging, wenn sie Gott lobten und priesen. Während sie eines Tages beteten, brachte jemand einen Brief von dem Haus auf der anderen Straßenseite. Reinhard dachte, es käme eine Beschwerde des Lärms wegen. Doch in dem Brief stand: ,,Ich bin ein Christ und lag krank zu Bett, als ich Ihre Gebete und Lobpreisungen hörte. Während ich lauschte, rührte Gott mich an, und ich wurde gesund.'' Verständlich, daß die Lautstärke beim Beten noch etwas zunahm.

Natürlich machte in all der Zeit auch die Konstruktion des großen Zeltes langsame aber beständige Fortschritte. Tests wurden mit dem runden Modell gemacht, die bei starkem Wind unbefriedigend ausfielen. Also wurde aus dem runden ein länglicher Entwurf. Bruder Swanepoel arbeitete jetzt eng mit einer amerikanischen Firma zusammen. Die Umkonstruktion kostete Zeit. Doch der beständige Optimist Reinhard hoffte immer noch, das Zelt im folgenden Jahr benutzen zu können.

Die Kosten kletterten zwischenzeitlich, bedingt durch die Inflation, aber auch durch die nunmehr vorgesehene neue Zelthaut, immer mehr. 1980 war geschätzt worden, die Zelthaut würde etwa DM 45 000,— kosten. Doch obwohl sie nun mehr kosten sollte, waren die Ingenieure zufriedener, daß sie die neuen Glasfiber-Planen, die mit Silikon überzogen waren, verwenden konnten. Da sie sich nicht dehnten, paßten sie viel besser zu den enormen Spannungen des Zeltes. Finanziell unterstützten die Gebetspartner in Deutschland und Südafrika weiterhin treu das Zeltprojekt. Reinhards Berichte zeigten, daß mittlerweile schon die Hälfte der 5 Millionen DM gegeben worden waren.

Es wurde allerdings auch immer klarer, wieviel zusätzliche Ausrüstung nötig sein würde, vor allem mehr Transportmittel. 1980 hatten die Ingenieure geschätzt, es würden 10—12 LKWs gebraucht. Zum Schluß wurden 19 LKWs benötigt, die allein rund 4 Millionen Mark verschlangen.

Doch im Augenblick machte Reinhard die Ausrüstung weniger Sorgen. Ihm ging es darum, endlich das Zelt aufbauen zu können. Zum Glück können wir nicht in die Zukunft schauen, denn es dauerte noch bis Dezember 1982, bis das Zelt endlich stand. Es erforderte doch noch ungeheure Arbeit, und immer neue Schwierigkeiten tauchten auf, weil es eben für solch ein Riesenobjekt noch keine

Erfahrungen und Beispiele gab. Einige Ingenieure gaben später zu, daß sie manchmal zweifelten, ob die ganze Sache überhaupt ausgeführt werden könne. Doch am Ende des Jahres war Reinhard zuversichtlich, daß Mitte 1981 das Zelt fertig würde.

13. Kapitel

Die Soweto-Hexe

Reinhard glaubt nicht an langes Ausruhen nach Siegen. Wie ein General mag er den Geschmack des Sieges, läßt sich davon aber nicht berauschen. Er plant immer schon, wie er beim nächsten Kampf die Hölle noch besser plündern kann, und ist stets auf der Hut, damit er nicht selbst von Zweifeln überfallen wird oder in das Minenfeld des Stolzes gerät. Dankbar konnte er auf das Jahr 1980 zurückblicken, in dem durch die vielfachen Unternehmungen mindestens 100 000 Menschen Jesus als ihren Erlöser angenommen hatten. Die Planungen für 1981 sollten noch größere Beute für das Reich Gottes bringen.

Nach den großen Erfolgen in Simbabwe war nun ein Feldzug von fünf Monaten in Sambia geplant, und zwar für die zweite Hälfte 1981. Noch vorher sollte es eine grandiose Rückkehr nach Soweto geben. Doch die erste große Evangelisation des Jahres fand in der Bergwerksstadt Welkom statt. Tausende von Bergleuten, die die meiste Zeit des Tages unter der Erde verbrachten, erlebten einen Vorgeschmack des Himmels, als der Heilige Geist Abend für Abend in ihrer Mitte wirkte. Der Höhepunkt der Arbeit war die Versammlung in der Welkom-Eissporthalle, als eine gemischtrassige Zuhörerschar von 5000 Menschen sich zusammenfand, um den Herrn zu preisen.

In Welkom lebte der 13jährige Daniel Mctaung, der von Geburt an ein schwaches Sehvermögen hatte, das mit zunehmendem Alter immer schwächer wurde. Er trug eine Brille, doch die Ärzte meinten, er würde irgendwann wahrscheinlich ganz blind werden. Während er mit seiner Mutter einkaufen ging, trat ein unbekannter weißer Mann zu ihm und wies ihn auf die Evangelisation im gelben Zelt hin und auf die Wunder, die dort jeden Abend geschahen. Er riet Daniel und seiner Mutter, die Versammlungen zu besuchen. Seine Mutter, Frau Miriam Motaung, war zurückhaltend, doch Daniel bettelte so lange, bis sie gingen. Als Pastor Kolisang ihm die Hände auflegte, konnte er plötzlich ganz normal sehen. Daniels erste Worte nach der wunderbaren Heilung waren: ,,Nun kann ich wenigstens ohne Schwierigkeiten studieren.'' Durch solche Wunder nahm der Besuch natürlich noch mehr zu.

Auch die weiße Einwohnerschaft hörte von dem, was geschah. Deshalb wurde Reinhard eines Tages gebeten, eine sehr kranke Frau in der Vorstadt, von Riebeeckstad zu besuchen, die zur Holländisch-Reformierten Kirche gehörte. Sie war seit zehn Jahren krank und wog nur noch 27 kg. Sie war so schwach, daß ihre 12 Jahre alte Tochter sie schon seit zwei Jahren im Haus herumtrug, weil sie sich selbst nicht mehr helfen konnte. Reinhard hatte den Eindruck von einem Skelett, das mit einer papierartigen Haut überzogen war. Sie war eine sterbende Frau. Als er sie fragte, ob sie ein Kind Gottes sei und glaube, daß Jesus sie heilen könne, strahlte sie und nickte: ,,Ja, von ganzem Herzen.'' Reinhard spürte den starken Glauben der Frau. ,,Ich begann zu beten'', erzählt er, ,,und als ich das tat, spürte ich, wie sich die Hand des großen Königs auf mich legte.'' Einige Wochen später erhielt er einen Anruf von dem Pastor der Frau: ,,Erinnern Sie sich an die Dame in Riebeeckstad? Ich freue mich, Ihnen mitteilen zu können, daß sie nicht mehr im Bett liegen muß. Sie geht sogar schon selbst einkaufen.'' Wieder hatte der Herr einen Sieg errungen.

Von Welkom ging es nach Soweto. Reinhard war in den vergangenen Jahren oft gebeten worden, in dieser riesigen schwarzen Vorstadt Johannesburgs eine Evangelisation zu halten. Doch stets, wenn er den Herrn gefragt hatte, war die Antwort negativ gewesen. Also hatte er geduldig gewartet. Der März 1981 schien nun die richtige Zeit zu sein. Daß es so war, konnte man an der Reaktion der Menschen in Soweto erkennen. Sie war so enorm, daß die Arbeit um weitere drei Wochen, bis in den Mai hinein, verlängert wurde. Gottes Hand ruhte über Soweto.

Seit der Fahrrad-Pionierarbeit in Soweto im Jahre 1975 war Reinhard fest überzeugt gewesen, er würde eines Tages zu einer richtigen Evangelisation nach hier zurückkehren. Nun wurde das gelbe Zelt neben dem Jabulani-Stadion aufgestellt. Rundherum erstreckten sich die unzähligen kleinen Häuser. Jeden Morgen und Abend verwandelte sich die Luft durch den Rauch aus 100 000 Schornsteinen in dicken Smog. 1981 gab es auch noch keine elektrische Straßenbeleuchtung. Die lokalen Pastoren hatten gemeint, Reinhard solle keine großen Zuhörerscharen erwarten. Und die ersten Abende schienen ihnen recht zu geben. Die Besucherzahl war gering. Reinhard war etwas enttäuscht. Doch durch ein besonderes Ereignis kam dann der Durchbruch; und dieses Mal war es keine physische Heilung.

Eines Abends kam die 66 Jahre alte Pauline Mbatha ins Zelt. Sie war seit zehn Jahren die Oberzauberin von Soweto. Ihr Einfluß war so mächtig, daß er bis weit über die Grenzen Südafrikas hinausreichte. Als Reinhard zur Bekehrung aufrief, ging Frau Mbatha bedächtig nach vorn und stellte sich direkt vor ihn. Viele Ketten verschiedener Art, die alle mit ihren Zaubereien zu tun hatten, hingen um ihren Hals und um ihr überaus buntes Kleid. Sie schaute Reinhard in die Augen und rief: ,,Gib mir ein Messer, ich möchte all diese Dinger abschneiden.`` Dabei deutete sie auf die Zauberketten. Ein Messer fand sich schnell. Einige der Pastoren halfen ihr, die Ketten und Ziegenhautamulette abzuschneiden.

Die Besucher hatten ungläubig zugeschaut. Hier war eine große Dienerin Satans, die ihr Leben Jesus übergab. Die Bekehrung der Zauberin verbreitete sich wie ein Buschfeuer in Soweto. Es war wie ein Signal für die Einwohner. Obwohl die Einwohner von Soweto schon viel gebildeter sind als die Bewohner der Dörfer, ist der Einfluß und die Macht der Zauberer dort genauso stark, wie im entferntesten Buschdorf. Und wenn nun die Oberzauberin Christus annahm, war das eine Sensation. Am nächsten Abend war das Zelt deshalb schon fast voll. Von nun an bekehrten sich jeden Abend Hunderte von Menschen, und viele Heilungen geschahen. Schon am übernächsten Abend war das Zelt überfüllt, und das Team mußte, wie in Harare, in das nebenan gelegene Jobulani-Fußballstadion umziehen.

Die Straßen Sowetos waren voller Menschen, die den Herrn priesen, und die Gauner und Diebe schienen zu verschwinden. Weiße, die sich normalerweise im Dunkeln nicht nach Soweto wagten, kamen zu den Versammlungen. Die Pastoren Sowetos staunten und freuten sich, als Tausende für das Reich Gottes gewonnen wurden. Immer mehr Heilungen und Wunder sowie Befreiungen von dämonischen Mächten ereigneten sich. Christus ging in Soweto von Sieg zu Sieg. Die Errettung der Zauberin war der Schlüssel gewesen, der Soweto für das Evangelium geöffnet hatte. Wie war es dazu gekommen?

Frau Mbatha war nicht immer eine Zauberin gewesen. Doch nachdem ihr Mann gestorben war, hatte sie ein seltsames übernatürliches Erlebnis. Er war ihr in einer Vision „erschienen" und hatte sie aufgefordert, eine Zauberin zu werden. Eine Zeitlang hatte sie versucht, den bösen Geistern zu widerstehen. Doch da war sie todkrank geworden. Arztbesuche und Krankenhausaufenthalt waren vergeblich. Deshalb hatte sie sich endlich den bösen Geistern unterworfen. Am Tag nach ihrer Entscheidung für die Dämonen wurde sie von einem Zauberer aus dem 600 Kilometer entfernten Durban besucht. Er behauptete, er sei von den Ahnengeistern gesandt, um sie zu schulen und für ihren Zauberdienst vorzubereiten. Frau Mbatha wurde eine sehr gute Schülerin. Sie war sehr „begabt". Ihre „Kraft" war erstaunlich. Die Menschen kamen aus allen Teilen des Landes, um sich durch ihre Zaubereien helfen zu lassen.

Eine der Töchter Frau Mbathas, Frau Ruth Pefile, hatte sich 1977 zu Jesus bekehrt, ihrer Mutter aber nie etwas davon gesagt. „Von der Zeit an, als meine Mutter eine Zauberin wurde, war mir nicht mehr wohl zumute", meinte sie. „Als ich mich dann bekehrte, begann ich für die Errettung meiner Mutter zu beten." Als das Zelt in Soweto aufgestellt wurde, gingen Ruth und ihr Mann zu einer der ersten Versammlungen. Dann beschloß sie, ihre Mutter einzuladen. „Ich wollte nicht mitgehen", berichtete Frau Mbatha nach ihrer Bekehrung, „weil ich nicht an das Zeug glaubte. Doch meine Tochter war sehr beharrlich. Sie bettelte immer wieder: »Nur einmal, dann gebe ich Ruhe.« Deshalb ging ich. So geschah es, daß der Heilige Geist mich überführen konnte."

Um der Welt zu beweisen, daß ihre Vergangenheit ausgelöscht und ihre Sünden vergeben waren, verbrannte Frau Mbatha freiwillig all ihre Zaubereisachen, die trockenen Knochen, die Zaubermedizin, die Zauberkräuter und die Gegenstände und Amulette der Schwarzen Magie. Es gab ein riesiges Feuer. In der Sonntagszeitung erschien auf der Titelseite ein großes Bild von ihr, wie sie all die Fetische dem Feuer übergab.

Dieses bemerkenswerte Zeugnis der Gnade und Macht Gottes war nicht nur ein gewaltiger Schlag für die Mächte der Finsternis, sondern brachte auch Licht und Leben für viele, die von Furcht vor der Macht der bösen Geister geplagt wurden. Frau Mbatha und ihre Tochter begannen nun eifrig zu beten und zu fasten für die Errettung der anderen Angehörigen ihrer Familie, von denen einige unter dem Fluch der Ahnengeister gebunden waren.

Unter den vielen Berichten von Bekehrungen und Heilungen soll hier noch einer erwähnt werden: Eine Frau kam ins Zelt, die bei der Geburt ihrer Tochter blind wurde. Ihre Tochter, mittlerweile elf Jahre alt, führte sie zum Gebet nach vorn. Als Pastor Kolisang mit ihr betete, erhielt sie ihr Augenlicht wieder. Es war eine herzbewegende Szene, als sie sich nun ihrer Tochter zuwandte, die sie jetzt zum ersten Mal in ihrem Leben sehen konnte. Tränen der Freude liefen Mutter und Tochter über das Gesicht, als sie heimgingen.

Der überall bekannte Pastor Sipho Bhengu sagte, in 23 Jahren Evangelistendienst habe er nichts gesehen, was sich auch nur annähernd mit den Geschehnissen in Soweto vergleichen ließe. An einem Samstagabend kamen 3000 Menschen nach vorn, um die Taufe im Heiligen Geist zu empfangen. Und der Heilige Geist kam in mächtiger Weise über sie. Geistliche und physische Wunder waren für lange Zeit der Gesprächsstoff, und ganz Soweto wußte, daß Jesus lebt!

Es war bedauerlich, daß eine so großartige Arbeit abgebrochen werden mußte. Doch der Plan einer Malawi-Arbeit war für das Team fertig. Aber kurz vor Beginn wurde Malawi abgesagt. So wurde nach einer kurzen Pause in Soweto Fortsetzung gemacht; dieses Mal allerdings wieder im Zelt, weil es in den Winter hineinging und das Wetter kälter wurde. Doch die Menschen kamen trotzdem. Weiterhin bekehrten sich viele und Heilungen geschahen. Sogar Pastoren wurden vom Evangelium gepackt, wie die erstaunliche Geschichte von Pastor Maurice Makape zeigt, der selbst nicht wiedergeboren war:

,,Auf meinem Weg nach Hause sah ich das Zelt stehen. Es interessierte mich, was darin geschah; deshalb ging ich hinein. Das Wort Gottes traf mein Herz. Es war, als würde ich in einen Spiegel schauen, der mir alle meine Sünden zeigte.'' Pastor Makape nahm Jesus als seinen persönlichen Erlöser an und kam weiter eifrig zu den Versammlungen, um mehr über den Weg des Heils zu lernen. ,,Ich bin entschlossen, meiner Gemeinde eine neue Botschaft zu predigen'', sagte er. ,,Jetzt werde ich die Wahrheit predigen.''

Am 10. Mai 1981 war der Schlußtag einer wirklich sensationellen Evangelisation. Das Zelt wurde abgebaut, und die LKWs fuhren davon. Doch Reinhard wußte, er würde ein drittes Mal nach Soweto zurückkehren, und zwar dann mit dem größten Zelt der Welt.

PREDIGERFRIEDHOF

Anschließend fuhr Reinhard vier Mai- und Juniwochen nach Deutschland, um dort die Menschen für seine Vision in Afrika und das große Zelt zu inspirieren. Die Herstellung des Zeltes ging vorwärts, und die Dinge nahmen langsam Form an, doch das Ziel war noch weit entfernt. Das Fabrikgrundstück, auf dem das Zelt hergestellt wurde, erwies sich als zu klein, so daß ein Nachbargrundstück für rund DM 200 000,— dazugekauft werden mußte. An seine Gebetspartner schrieb er: ,,Die Herstellung des Zeltes geht voran. Bisher hat der Herr in Seiner Gnade immer gegeben, was nötig war, so daß wir stets mit voller Kraft weiterarbeiten konnten. Nach wie vor bleibe ich dabei, daß wir keinen Kredit von der Bank oder von Privatmenschen aufnehmen, sondern Gott vertrauen, dem alles Silber und Gold gehört . . . Unser Ziel für die Einweihung des neuen Zeltes ist März 1982 oder eher. Ich vertraue Gott für das Wunder einer weiteren Million, damit das möglich wird.''

Die Finanzierung des großen Zeltes ist von Anfang an ein Wunder gewesen. Als Reinhard 1981 in Deutschland war, sprach er auch in Karlsruhe. Er hatte Broschüren mitgenommen und auch ein Modell des großen Zeltes ausgestellt. Als er seinen Zuhörern vor Augen malte, was ihn im Blick auf das große Zelt und Afrika bewegte, sagte er ganz klar, daß er nicht gekommen sei, um für Geld zu betteln. ,,Ich bitte nicht um Geld, ich bete dafür'', sagte er seinen Zuhörern. Immer wieder weist er die Menschen darauf hin, daß Geld für die Arbeit nicht ihm, sondern Gott gegeben wird.

Während der Versammlung in Karlsruhe gab es eine Botschaft in Zungen und auch die Auslegung. Sie lautete: ,,Ich werde heute ein Zeichen tun.'' Reinhard, der auf dem Podium saß, wußte, daß die Botschaft hauptsächlich mit Zeichen der Befreiung und Heilung zu tun hatte und an die Zuhörer gerichtet war. Doch er betete leise: ,,Herr, Du weißt, ich könnte auch ein Zeichen gebrauchen.'' In Südafrika erwarteten ihn des Zeltes wegen große finanzielle Verpflichtungen.

Nach der Versammlung stand Reinhard im Foyer der Halle, als eine Frau zu ihm trat. Sie sagte: ,,Als Sie letztes Jahr hier waren, habe ich Jesus als meinen Erlöser gefunden. Nun hat Gott mir gesagt, ich soll etwas Geld für das neue Zelt geben. Ich lag krank daheim und konnte deshalb nicht kommen. Letzte Nacht hatte ich einen Traum. Ich sah Sie stehen und winken. Da sprang ich aus dem

Bett, setzte mich ins Auto — und jetzt bin ich hier. Bitte, nehmen Sie den Scheck über DM 150 000,—." Damit verschwand sie, während Reinhard mit offenem Mund auf den Scheck in seiner Hand starrte. Es war das größte Einzelopfer, das er bis dahin je erhalten hatte. Wahrhaftig — ein Zeichen für das Zelt.

Während einer Versammlung in Hamburg gebrauchte er eine etwas drastische Methode, um einer jungen Frau zu einer erstaunlichen Heilung zu verhelfen. Es war die Holländerin Edith van der Werff, die auf Krücken nach vorn kam. Sie sei in einen Autounfall verwickelt gewesen, und ein Nerv ihres linken Beines sei stark beschädigt, berichtete sie. Die Ärzte sagten, sie werde nie wieder ohne Krücken gehen können. Reinhard schaute ihr in die Augen und fragte: ,,Schwester, glaubst du, daß für den, der Jesus vertraut, alle Dinge möglich sind?" Sie antwortete, sie glaube das. Dann betete er für sie.

,,Im Augenblick, als ich meine Hände auf sie legte, fühlte ich einen mächtigen Strom der Kraft Gottes hindurchfließen. Ich sagte zu ihr: »Schwester, du bist geheilt.« Sie antwortete: »Pastor, hast du nicht richtig verstanden, daß der Nerv zerschnitten wurde?« Ich erwiderte: »Aber du hast doch geglaubt, daß Jesus in der Lage ist Wunder zu tun.« Sie nickte, fügte jedoch hinzu: »Aber ohne Krücken kann ich nicht gehen.« Ich tat nun etwas, was ich nie vorher getan habe", fuhr Reinhard fort. ,,Ich nahm ihr die Krücken weg. »Ich habe das Zeugnis in meinem Herzen, daß du gerade jetzt geheilt wurdest. Laufe im Namen Jesu«, sagte ich."

Die Frau machte einige stolpernde Schritte und begann dann zu gehen. Am nächsten Morgen rief sie Reinhard an und erzählte, sie könne jetzt die Stufen hinauf rennen. Später schrieb sie in einem Brief nach Afrika: ,,Lieber Pastor Bonnke, ich danke Gott dafür, daß Du mir die Krücken weggenommen hast." Rückblickend meint Reinhard: ,,Gott mag mir vergeben, daß ich dies tat. Aber es war wohl das Richtige."

Im gleichen Jahr machte Reinhard noch drei andere Überseereisen. Zunächst nach England, mit Pastor Kolisang, wo sie in der Stadthalle von Birmingham einige bewegende Versammlungen hatten. Nach Toronto, Kanada, und Kalkutta, Indien, flog er dann allein.

Sein Besuch in Toronto verursachte eine ungewöhnliche Bewegung unter den kanadischen Christen. Er wurde als Gast in die bekannte ,,100 Huntley Street"-Fernsehsendung eingeladen. Er und

David Mainse, Leiter des Fernsehsenders, empfanden sofort Freundschaft füreinander. Vier Tage hintereinander erschien Reinhard in den Sendungen, während dabei auch Ausschnitte aus dem neuesten CfaN-Film „Nicht durch Heer oder Kraft" gezeigt wurden.

Die Filmausschnitte erregten großes Interesse. An dem Tag, an dem ein Ausschnitt davon gezeigt wurde, wie eine große Schar Menschen die Taufe im Heiligen Geist erlebten, fühlte sich Reinhard gedrungen, in der Sendung für alle zu beten, die auch die Geistestaufe empfangen wollten. Innerhalb der nächsten Minuten waren alle 25 Telefone, die mit ausgebildeten Seelsorgern besetzt sind, überlastet, weil Hunderte von Christen anriefen und freudig erzählten, daß sie, während sie zuhörten und zusahen, mit dem Heiligen Geist getauft wurden.

Der Moderator des deutschen Programms war so beeindruckt von der Arbeit Reinhards in Afrika, daß er ihm, was vorher nie geschehen war, die Gelegenheit gab, an die Christen in Kanada dafür einen Appell zu richten. Für manche Prediger wäre dies eine großartige Gelegenheit gewesen, für ihre Kasse kräftig zu klingeln. Doch nicht so Reinhard. Sein Appell war, wie gewöhnlich, in erster Linie geistlicher Art: „Betet für mich. Betet für unseren Dienst. Und betet für die verlorenen Seelen in Afrika." Als Reinhard aus dem Schein der Strahler trat und das Studio verließ, dachte er: „Du Narr, warum hast du sie nicht aufgefordert zu zahlen, statt zu beten!" Doch dann empfand er, daß sein Verhalten richtig und weise gewesen war. David Mainse sammelte dann für die Arbeit durch einen Appell 30 000 Dollar und übergab sie Reinhard.

Reinhards ursprünglicher Grund, nach Kalkutta zu fliegen, war ein Besuch bei seiner Schwester Felicia, die nach ihrer Ausbildung als Krankenschwester den indischen Doktor Ronald Shaw geheiratet hatte. Das Ehepaar arbeitete jetzt in Mark Buntains bekannter Mission in Kalkutta. Ehe Reinhard nach Kalkutta kam, hatte man ihn gewarnt, diese Stadt der hungernden und sterbenden Millionen sei gleichzeitig der Friedhof für große Evangelisten. In unerschütterlichem Vertrauen hatte er geantwortet: „Dann brauche ich mir ja keine Sorgen zu machen, denn ich bin kein großer Evangelist."

Seine Gastgeber, die ihn am Flughafen abholten, fragten, ob er die Belastung und das Böse in der Luft spüren könne?

„Nein", antwortete er, „ich fühle nichts, denn ich komme im Namen Jesu." Wie gewöhnlich sah er nur den Sieg Christi.

Er wurde eingeladen, in einer der größten Pfingstgemeinden zu predigen, die etwa 1000 Sitzplätze hatte. Wieder warnten seine Gastgeber: ,,Erwarte nichts Großes, wir erleben hier keine Wunder. Warum, wissen wir auch nicht. Es muß wohl die Belastung sein, die über dieser Stadt lagert.''

Reinhard, dessen Vorbild nicht gerade der zweifelnde Thomas ist, ging in sein Zimmer, um mit Gott allein zu sein und zu beten: ,,Herr, sie sagen, daß sie hier keine Wunder erleben. Gerade deshalb möchte ich hier im Namen Jesu Wunder sehen.''

Als er dann die Kirche betrat, konnte er nichts besonders Böses wahrnehmen, außer dem Gefühl, jetzt einen Kampfplatz zu betreten. Es war so etwas wie ein Duell, und Reinhard kannte seine Aufgabe dabei recht genau. Er versuchte gar nicht erst, sich gegen seinen Gegner zu verteidigen, sondern ging sofort zum Angriff über — er predigte Glauben. Innerhalb kurzer Zeit hörte man triumphierende Hallelujas von den Besuchern. Als er zum siegreichen Abschluß seiner Predigt kam, forderte er die Kranken auf, nach vorn zu kommen; besonders ermutigte er die Blinden, sich zuerst aufzumachen. Die Szene für ein weiteres Berg-Karmel-Duell war vorbereitet.

Eine ältere Frau wurde nach vorn geführt, die, nach Reinhards eigenen Worten, ,,so blind war wie ein Stein''. Nachher erfuhr er, daß sie regelmäßig zu allen Gastpredigern ging, um mit sich beten zu lassen. Als die Frau nach vorn geführt wurde, flüsterte er: ,,O Gott, dies ist der Augenblick...'' Alle schauten gespannt auf die kleine Gruppe von Menschen, als Reinhard seine Hände auf die toten Augen legte und betete: ,,Im Namen Jesu Christi, des Sohnes Gottes, ihr blinden Augen, öffnet euch!''

Er trat zurück, und die Frau begann zu schreien: ,,Ich sehe, ich sehe...!'' Die Pastoren der Gemeinde begannen zu jubeln, und der Heilige Geist wehte mächtig durch den Saal, so daß Reinhard an die Atmosphäre im Zelt in Afrika erinnert wurde. Als er das Flugzeug zur Heimreise bestieg, war für ihn wieder einmal klar: Gott kann überall Wunder tun, und Er hat nie aufgehört damit!

Im Flugzeug hatte der Mann, der zu Massen predigte, auch Gelegenheit zum persönlichen Zeugnis. Er saß zwischen einem Südafrikaner und einem Chinesen. Mit dem Südafrikaner sprach er über Jesus, fand aber kein Interesse. Und der Chinese schwieg ganz. Reinhard beschloß, nicht zu aufdringlich zu sein und schlummerte ein. Als er erwachte, war der schweigende Chinese verschwunden. Auf seinem Platz saß ein junger Geschäftsmann aus Taiwan. Reinhard kam bald mit ihm ins Gespräch und unterhielt sich mit ihm mehrere Stunden über Jesus. Als sie sich am Flughafen in Johannesburg verabschiedeten, fragte der Geschäftsmann, wie er Jesus finden könne. Reinhard lud ihn zum Essen in sein Haus. Nach dem Essen knieten die beiden nieder, und der Mann, als Buddhist aufgewachsen, nahm Jesus als seinen persönlichen Herrn und Erlöser an.

14. Kapitel

Eine Nation wird bewegt

Das Motto Sambias, des Kupferlandes, an dessen Grenze zu Simbabwe die berühmten Viktoria-Wasserfälle liegen, ist: Ein Sambia — eine Nation. Nachdem das CfaN-Team 1981 fünf Monate im Land evangelisiert hatte, hätte man ebensogut sagen können: Ein Sambia, ein Erlöser — Jesus!

Reinhard und das Team evangelisierten in den größeren Städten Livingstone, Kabwe, Ndola, Kitwe und natürlich in der Hauptstadt Lusaka. Während dieses fünfmonatigen Feldzugs gab es wahrhaft dramatische Ergebnisse, die auch die Probe der Zeit bestanden haben. Als einige Team-Angehörige 18 Monate nach der Evangelisation nach Sambia zum Urlaub fuhren, trafen sie viele Menschen, die immer noch von jenen erstaunlichen Versammlungen redeten.

Die Entscheidung Reinhards, nach Sambia zu gehen, ist ein anderes Glied in der Kette seiner Vision, ganz Afrika zu evangelisieren. Außerdem erhielt das Team praktische Erfahrungen in der Durchführung längerer Arbeiten in ziemlich weiter Entfernung vom eigenen Hauptquartier; etwas, das immer üblicher werden wird, wenn das große Zelt erst einmal seine Evangeliums-Safari quer durch Afrika antritt.

Die Fahrzeugkarawane, bestehend aus den rot-weiß gespritzten LKWs und einer ganzen Reihe Wohnwagen und Kombis, erregte überall Aufsehen, als sie nordwärts fuhr, den Limpopo überquerte, durch Simbabwe rollte, dann über den Sambesi nach Sambia hineinfuhr. Mehr als 1800 Kilometer waren zu bewältigen. Aber jeder Kilometer war eine Anzahl kostbarer Seelen wert.

Während der Fahrt bekam Pastor Kolisang mit seinem Fahrzeug einige Probleme und mußte deshalb in Simbabwe eine Reparaturwerkstatt aufsuchen. Pastor Kolisang bat den Monteur, den Lieferwagen zu untersuchen, um zu sehen, wie ernst der Schaden war. Er machte sich Sorgen um die Reparaturkosten, deshalb bat er vor Beginn der Arbeit um einen Voranschlag. Der Besitzer meinte: „Es entstehen für Sie keine Kosten. Die Reparatur ist umsonst." Kolisang staunte. Das war in Reparaturwerkstätten gar nicht üblich. Der Besitzer erklärte: „Ich habe einen Bruder, der ins Zelt ging, um Pastor Bonnke zu hören, als CfaN in Harare evangelisierte. Mein Bruder war ein hoffnungsloser Trinker. Doch im Zelt übergab er sein Leben Jesus, und jetzt trinkt er nicht mehr, sondern dient Jesus. Nun hat Gott mir eine Gelegenheit gegeben, Ihm etwas Dank zu erstatten, weil Er meinen Bruder gerettet hat. Deshalb ist die Reparatur umsonst."

Das war der Tenor für den ganzen Feldzug, denn eine Tür nach der anderen öffnete sich. In der ganzen Gesellschaft Sambias wurde ein tiefer Eindruck erzielt, bis es ein nationales Ereignis wurde. Zeitungen, Radio und Fernsehen waren voll von den Berichten über die Evangelisation, obwohl man zuerst ein wenig zynisch darüber berichtet hatte. Ein Reporter bekannte während eines Interviews mit Reinhard, daß er weder an den Teufel noch an Gott geglaubt habe, doch jetzt gezwungen sei, seine Meinung zu überdenken, nachdem er eine Frau gesehen habe, die er persönlich kenne und wisse, daß sie total blind gewesen war, die nun völlig geheilt sei, sehen könne und ohne jede Hilfe durch die Straßen Lusakas laufe.

Ein Fernsehteam kam in Lusaka zum Gottesdienst, um mit der Kamera einzufangen, wie Kranke gesund werden. Sie wurden nicht enttäuscht, sondern konnten filmen, wie eine blinde Frau geheilt wurde und wie Hunderte auf den Ruf zur Bekehrung nach vorn strömten. Auf den Fernsehschirmen in ganz Sambia erschienen die Bilder der tränenüberströmten Sünder, die Frieden mit Gott suchten. Während einer solch bewegenden Versammlung wandte sich Reinhard an einen Mann des Fernsehteams und fragte ihn: „Mein Freund, haben Sie Ihr Herz schon Jesus übergeben?" Mit Tränen in den Augen antwortete der Kameramann: „Ja, ich habe es getan, Pastor. Vorgestern abend wurde ich wiedergeboren."

Während der Ndola-Arbeit kam eine junge Frau nach vorn und übergab ihr Leben Jesus. Sie war eine von den vielen Tausenden, denen Reinhard nie persönlich begegnet ist. Doch er hörte später die tragische Geschichte, was diese Entscheidung für die junge sambianische Frau bedeutete. Rosemary Mtemwa, 23 Jahre alt, war die Tochter des lokalen Friedensrichters in Ndola. In Lusaka studierte sie Psychologie an der Universität von Sambia. Während eines Besuchs bei ihren Eltern in Ndola ging sie mit diesen und ihren drei Brüdern in das gelbe Zelt. Dort öffneten sie ihre Herzen dem

Herrn. Sie und ihre ganze Familie empfingen auch die Taufe im Heiligen Geist. Rosemary war überglücklich. Wohin immer sie kam, erzählte sie von Jesus und daß sie Ihm von ganzem Herzen nachfolgen wollte.

Rosemary hatte sich am Zeltbüchertisch ein T-Shirt mit der Aufschrift „Ich gehöre Jesus" gekauft. Sie trug es jeden Tag, um allen zu zeigen, daß sie Jesu Eigentum sei. Doch als Rosemary mit ihrem Freund über ihren Erlöser sprach, reagierte dieser wütend. Sie sagte ihm, der Herr habe ihr die Sünden vergeben, sie habe nun neues Leben empfangen und schätze seine sexuellen Annäherungsversuche nicht mehr. Der Freund reagierte mit einem Wutausbruch, packte eine zerbrochene Glasflasche, griff sie an und zerschnitt ihr dabei eine Schlagader. Rosemary starb in einer großen Blutlache. Auf dem blutgetränkten T-Shirt war zu lesen: „Ich gehöre Jesus."

Gott tat ein wunderbares Gnadenwerk in den Herzen von Rosemarys bekümmerten Eltern. Ihre Mutter sagte: „Rosemary gehörte nicht mehr uns, sondern Christus; und Er hat sie zu sich genommen. Gottes Wort hat mich getröstet. Statt Kummer habe ich tiefe himmlische Freude in meinem Herzen, weil ich Jesus habe." Als die Eltern Rosemarys Sachen durchsahen, fanden sie ein Notizbuch, in dem stand: „Seid fröhlich in der Hoffnung, geduldig in der Bedrängnis, beharrlich im Gebet" (Römer 12, 12). Sie hatte diesen Bibelvers wenige Tage vor ihrem tragischen Tod hineingeschrieben. Ihr Leben mit Jesus war auf dieser Erde nur sehr kurz. Doch ihr Zeugnis bleibt bestehen.

In Lusaka wurde der 13jährige Judson Banda wunderbar geheilt. Er war von Geburt an taub und stumm. Die Eltern suchten seit vielen Jahren bei den Ärzten Hilfe. Als der Vater, Herr Hudson Banda, ein Baumeister, von den Wundern hörte, die im Zelt geschahen, kam er auch und übergab sein Leben Jesus. Am folgenden Abend brachte er seinen tauben und stummen Sohn mit ins Zelt, und Gott tat das Wunder. Der Junge wurde gesund.

Ähnliche Zeugnisse waren jeden Abend zu hören. In Lusaka wurde Reinhard eingeladen, im Fernsehen zu predigen. Dabei konnte er eine Adresse angeben, an die die Zuschauer schreiben sollten. Innerhalb von Tagen wurden sie mit einer Flut von Briefen aus allen Teilen des Landes überschüttet. Ein Lehrer, der die Sendung auch gesehen hatte, erzählt folgende Geschichte. „Ich saß im Gymnasium in meinem Zimmer und schaute Ihrem Programm zu.

Plötzlich klopfte es an die Tür. Eine Gruppe von Schülern stürzte herein und bat um Erlaubnis, ebenfalls zuschauen zu dürfen, da ihr Fernseher soeben kaputt gegangen sei. Ich ließ sie herein. Noch ehe ihre Sendung zu Ende war, lagen sie auf ihren Gesichtern und schrien zu Gott um Vergebung und Gnade."

Auch das Fernsehstudio wurde mit Anrufen überschüttet. Deshalb wurde Reinhard für eine zweite Sendung eingeladen. Das große Echo auf seine Fernsehpredigten war der Grund, daß ein Fernseh-Team in sein Zelt geschickt wurde, um einen Gottesdienst zu filmen.

Die Lusaka-Zeitung „The National Mirror" brachte einen großen Bericht sowie ein Interview mit Reinhard, und sogar der Herausgeber schrieb dazu noch einen Leitartikel, den das Team stolz mit nach Witfield brachte. Dort hieß es: „CfaN erfüllt den Auftrag von vor nahezu 2000 Jahren, als Jesus sagte: »Gehet in die ganze Welt und verkündigt das Evangelium allen Geschöpfen... Und diese Zeichen werden denen folgen, die da glauben. In Meinem Namen werden sie Dämonen austreiben... und die Kranken, denen sie die Hände auflegen, werden gesund werden.« Hier kann man tatsächlich Zeuge von Wunderheilungen werden. Am zweiten Tag der Evangelisation wurden vier blinde Menschen sehend. Am nächsten Tag ließen zwei Lahme ihre Krücken zurück... von vielen anderen wurden Dämonen ausgetrieben. Ohne Zweifel war hier die Kraft Gottes wirksam. Aus diesem Grunde möchten wir die Gelegenheit wahrnehmen, all denen zu danken, die es möglich gemacht haben, daß Evangelist Bonnke und seine Kollegen nach Sambia kommen konnten. Und ihnen und CfaN sagen wir: Gott segne euch alle!" (Herausgeber „National Mirror" Sambia, 17. Juli 1981.)

Dieser Leitartikel zeigt, daß einige Presseleute ein Herz aus Fleisch unter ihrem üblichen Brustpanzer aus Zynismus haben, der so charakteristisch für Journalisten ist.

Diese offenkundige Publizität in Fernsehen, Radio und Presse durchdrang das ganze Land, bis in die höchsten Staatsämter hinein. Auch Präsident Kenneth Kaunda war von diesem feurigen deutschen Prediger, der seine Hauptstadt so umkrempelte, wachgerüttelt worden. Ein deutscher Missionar in Sambia und Reinhards Freund, Pastor Traugott Hartmann, ließ seine Verbindungen spielen, so daß für das CfaN-Team eine Audienz bei Präsident Kaunda arrangiert wurde. Die Einladung traf ein, während das Team in Livingstone arbeitete, dem letzten Ort der landesweiten Evangelisation. Es war ein erregender Augenblick, als Reinhard, die Bibel unter dem Arm und begleitet von seinem Mitevangelisten Kenneth Meshoe und dem neuesten Mitarbeiter von CfaN, David Beard, einem Fotografen aus Amerika, sowie von Pastor Traugott Hartmann, der großen Anteil an der Organisierung des ganzen Feldzugs gehabt hatte, vor dem Präsidentensitz vorfuhr. Reinhard hatte einen silbernen Leuchter als Geschenk für Präsident Kaunda mit sich.

Sie wurden in den großartigen Empfangssalon geführt. Als Präsident Kaunda eintrat, berichtete Reinhard ihm, was Gott in Sambia und auch in Südafrika tat. Er erzählte von den letzten Evangelisationen in Soweto und Bloemfontein. Aufmerksam lauschte der Präsident, als Reinhard ihm erzählte. ,,Die Politik wurde nicht einmal gestreift, wir haben nur von Jesus gesprochen", erinnert sich Reinhard. Dann las er einen Bibelvers aus dem Buch der Sprüche 21, 1: ,,Wie ein Wasserbach ist das Herz des Königs in der Hand des Herrn; Er lenkt es, wohin Er will." Anschließend wandte sich Präsident Kaunda an Reinhard und fragte: ,,Wollen Sie für mich beten?" Als sie ihre Häupter in der vornehmen Umgebung vor Gott beugten, kam eine mächtige Salbung über alle Anwesenden. Reinhard war tief beeindruckt von Präsident Kaunda, als er die Residenz verließ. ,,Der Präsident ist offen für göttliche Dinge", sagte er. ,,Wir sprachen kurz über die Wunder, die Gott tat, und über die Reaktion der Menschen darauf. Der Präsident meinte: »Wenn man nicht an Wunder glaubt, wird man auch keine erleben.«" Seine letzte Bemerkung nach dem 45-Minuten-Interview war: ,,Bitte, kommt nach Sambia zurück."

Die letzte Arbeit des Sambia-Feldzugs fand, wie schon erwähnt, in Livingstone statt. Die Segensströme Gottes flossen mächtig, und an manchen Abenden standen noch mehr Menschen vor dem Zelt, als sich innen befanden. In diesen zwei Wochen der Livingstone-Evangelisation entschieden sich 11 000 Menschen für Jesus.

Es war ein müdes Team, das im Dezember zur wohlverdienten Ruhepause nach Witfield zurückkehrte. Während ihrer Abwesenheit hatte die Arbeit am großen Zelt Fortschritte gemacht. Vielleicht nicht so große, wie Reinhard es sich gewünscht hätte, doch er war immer noch überzeugt davon, daß sie es 1982 benutzen könnten. Eine große Ermutigung war es, als der erste der sieben Etagen hohen Masten aufgestellt wurde. In jungenhafter Laune wagte es Reinhard, bis auf die Spitze zu klettern. Die 13 Masten und die meisten anderen Stahlarbeiten waren zum Jahresende fertig, so daß nur noch Schweißarbeiten übrig blieben. Aus den USA war mittlerweile auch mehr Zeltmaterial eingetroffen. Die mühsame Aufgabe des Klebens der von Computern berechneten einzelnen Planen konnte beginnen. Die nächste dringende Anschaffung zu Beginn von 1982 waren fünf Kilometer Stahlkabel, die allein fast DM 500 000,— kosteten. Die restlichen Teile wurden im Laufe des Jahres 1982 ebenfalls fertig. Allerdings war dann auch die Bezahlung fällig. Durch die Gnade Gottes waren bisher alle Rechnungen immer beglichen worden, weil viele Christen das Werk treu unterstützten.

Da eine relativ kleine Mannschaft an dem Zelt arbeitete, dauerte es länger als erwartet. Auch die stetig anhaltende Inflation trieb die Kosten immer höher, so daß die Finanzen manchmal sehr angespannt waren, da ja außerdem die Kosten der Evangelisationen mit dem gelben Zelt weitergingen. Doch überall in der Welt, wo Reinhard von dem großen Zeltprojekt sprach, warteten Menschen und beteten für den Tag, an dem eine Flut von kostbaren afrikanischen Seelen das Riesenzelt füllen würde.

Sambia liegt Reinhard immer noch sehr am Herzen. Es besteht kein Zweifel, daß dieses Land eine der ersten Stationen sein wird, wenn das große Zelt sich in Bewegung setzt, um nordwärts durch Afrika zu ziehen. Im Büro in Witfield ging eines Tages der Brief eines jungen Mannes ein, der während der Evangelisation in Kitwe gerettet worden war. Er schrieb: ,,Bitte, kommt bald zurück, so daß wir den Teufel mit eurem neuen Zelt beschämen können."

Im Dezember 1982 gingen einige vom CfaN-Team nach Botswana und Sambia, um dort Urlaub zu machen. Sie waren erstaunt, wie lebendig die Auswirkungen der früheren CfaN-Feldzüge dort immer noch waren. Gabi Wentland, die Frau des jetzigen Zeltmeisters, schrieb einen Bericht, der im Magazin ,,Revival Report" erschien:

,,Es war ein großartiger Evangelisationsfeldzug gewesen, der von Juli bis November 1981 in Sambia durchgeführt wurde. Große Scharen von Menschen wurden gesegnet, und Tausende nahmen Jesus als ihren persönlichen Erlöser an. Als wir jetzt, 18 Monate später, für einen kurzen Urlaub nach Sambia reisten, stellte ich mir die Frage: Werden wir etwas von den Ergebnissen dieses Feldzugs sehen? Schon an der Grenze erlebten wir die erste freudige Überraschung, denn ein Soldat lauschte aufmerksam, als er den Namen CfaN hörte. »Wir haben eure Versammlungen in unserem Land nicht vergessen«, sagte er. Wir wurden warm willkommen geheißen.

Als wir die Straße von Livingstone nach Lusaka fuhren, sahen wir überall »Zeichen« des Einflusses von CfaN. Wir sahen spielende Kinder, die das gelbe T-Shirt mit der Aufschrift »Ich gehöre Jesus« und »CfaN« trugen. In der Hauptstadt Lusaka angekommen, entdeckten wir, daß viele Gemeindechöre sich den Namen von Pastor Bonnke gegeben hatten. Sie sangen von ganzem Herzen immer noch die Lieder, die sie in den Zeltversammlungen gelernt hatten. Welche Freude war das für uns!

Ebenso froh machte es uns, die Zeugnisse derer zu hören, die während der Evangelisation zu Christus gefunden hatten. Eine weiße Kinderschwester erzählte von der wunderbaren Verwandlung im Leben ihrer beiden Dienstmädchen. »Sie sind jetzt richtige Christen«, rief sie.

Ein junger Soldat stoppte uns an einer Straßensperre nahe Ndola und fragte nach unserem Ziel. Als er das gelbe CfaN-T-Shirt sah, das mein Mann Winfried trug, fragte er: »Seid ihr vom CfaN-Team?« Als wir bejahten, erzählte er uns, er habe während der Versammlungen vor dem Zelt Dienst gehabt und habe dabei auch Jesus gefunden. »Von dem Tag an habe ich aufgehört zu rauchen und zu trinken. Später wurde ich auch mit dem Heiligen Geist getauft, und nun gehöre ich zu einer Gemeinde hier in der Nähe.« Er segnete uns noch, als wir weiter nordwärts fuhren.

An einer Tankstelle entdeckte uns ein junger Pastor und bat uns, doch zu einer weiteren Evangelisation zurückzukehren. »Als ihr unser Land verlassen habt, fühlten wir uns, als gingen wir zu einer Beerdigung«, sagte er, als er uns zu erklären versuchte, wie sehr sich alle danach sehnten, die wunderbare Retterkraft Gottes neu in Sambia wirksam zu sehen.''

Allen, die Massenevangelisationen kritisch gegenüberstehen, müssen solche Berichte zeigen, daß auch dadurch bleibende Frucht gebracht wird.

15. Kapitel

Finanzielle Glaubensprobe

Bei seiner Arbeit besitzt Reinhard die explosive Energie eines Sprinters, aber auch die Ausdauer eines Langstreckenläufers. Die Arbeitslast, die er zu tragen bereit ist, nimmt jedes Jahr zu. Auch 1982 machte darin keine Ausnahme. Es begann mit einem große Einblicke schenkenden Besuch in Zaire. Da die Fertigstellung des Zeltes herannahte, schien es ihm wichtig zu sein, die Kontakte mit den afrikanischen Nachbarländern zu verstärken.

Seine Erfahrungen nach Ankunft in Kinshasa, der Hauptstadt von Zaire, waren haarsträubend. Das Flugzeug landete erst spät abends. Nach der Zollkontrolle nahm er ein Taxi und gab dem Fahrer die Adresse, zu der er gebracht werden wollte. Sie waren erst ein kurzes Stück gefahren, als das Taxi hielt. Zwei junge Männer sprangen auf den Rücksitz. Reinhard vermutete, es seien vielleicht Räuber, und begann innerlich zu beten. Dann folgte eine schreckliche Fahrt durch dunkle Seitenstraßen von Kinshasa, die unglaubliche vier Stunden dauerte. Später erfuhr er, daß die Strecke in 20 Minuten gut zu bewältigen ist. Die zwei geheimnisvollen Mitfahrer auf dem Rücksitz stiegen endlich wieder aus. Reinhard glaubt, daß Gott ihn während dieser seltsamen Taxifahrt bewahrt hat. Er hatte keinen Koffer bei sich, weil dieser auf dem Pariser Flughafen Orly verlorengegangen war. Vielleicht hat ihn sein Mangel an Gepäck vor einem Raubüberfall bewahrt.

Am nächsten Tag traf sich Reinhard mit mehreren Gemeindeleitern. Ein Mann erregte dabei besonders seine Aufmerksamkeit; er ist den meisten Pfingstgläubigen einfach nur unter dem Namen Bruder Alexander bekannt. Da Zaire eine belgische Kolonie war, ist es stark katholisch beeinflußt. Doch heute zieht ein starkes und lebendiges evangelikales Zeugnis durch das Land. Allein in Kinshasa gibt es heute 82 Pfingsgemeinden, und die Wachstumsrate dieser Bewegung ist erstaunlich. In den letzten sieben Jahren sind über 2500 neue Gemeinden entstanden.

Bruder Alexander ist eine Schlüsselfigur in der erstaunlichen Erweckung, die der Heilige Geist in Zaire geschenkt hat und die auf manchen Gebieten Ähnlichkeit hat mit der großen Erweckung in Indonesien, die in Mel Taris Buch „Wie ein Sturmwind" beschrieben wird. Besonders bemerkenswert in dieser Erweckung ist der einfache, schlichte Glaube der Menschen, die keine Schwierigkeit haben, an die unmöglichsten Wunder zu glauben und sie zu erwarten. Damit hatte diese Erweckung überhaupt begonnen.

Bruder Alexander, der nur eine recht einfache Schulbildung genossen hatte, begann für die Kranken zu beten, und sie wurden geheilt. Eines Tages brachten einige Leute einen leblosen Körper in eine Versammlung von Bruder Alexander. Es war eine tote junge Frau. Neben ihr stand ein junger Mann, ihr Verlobter, der herausfordernd sagte: „Du sagst, Gott kann Menschen von den Toten auferwecken. Hier ist ein Test für dich."

Die Frau war schon vier Tage tot, und der Verwesungsgeruch wurde in dem kleinen Raum fast unerträglich. Doch Bruder Alexander forderte die kleine Gemeinde auf, sich um die Tote zu versammeln. Sie erhoben ihre Arme und begannen für 20 Minuten zu loben und zu preisen. Da fühlte Bruder Alexander, wie jemand ihn an der Jacke zog. Er öffnete die Augen und sah den Leichnam nicht mehr liegen. Als er sich umschaute, sah er die „tote" Frau unter den Betenden stehen. Sie hatte die Augen geschlossen und pries ebenfalls mit erhobenen Händen Gott. Die ganze Gemeinde zog nun mit der von den Toten auferstandenen Frau auf die Straße.

Dieses Wunder bewegte die ganze Gegend. Die Menschen bekehrten sich in großer Zahl zu Gott. Reinhard meinte, ein einfacher Mann, der seinem Gott vertraut und glaubt, daß Jesus noch die gleichen Wunder tut wie damals am See Genezareth, und der nur eine schlichte Evangeliumsbotschaft predigt, hat durch seinen Dienst mehr bewirkt, als viele gut ausgebildete Missionare in hundert Jahren Arbeit.

Manche Menschen mögen Schwierigkeiten haben, die Geschichte mit der Totenauferstehung zu glauben, besonders wenn man die kulturellen und medizinischen Umstände des Landes bedenkt. Doch Reinhard bezweifelt sie nicht.

Während seines kurzen Besuchs predigte Reinhard in einer Versammlung vor 1500 Menschen. Draußen auf der Straße standen noch viele und versuchten, einige Worte mitzubekommen. „Die Menschen sind hungrig nach dem Wort Gottes. Sie bringen Papier und Bleistift mit und schreiben alles auf. Die Halle war so voll, daß ich nicht zu den Kranken gehen und mit ihnen beten konnte. Ich bat alle, die Heilung brauchten, die Hände auf ihre kranken Stellen zu legen. Als ich betete, spürte ich ein solches Wirken der Kraft Gottes wie noch nie vorher. Krücken wurden fortgeworfen, und die Leute legten Zeugnis von soeben erfahrener Heilung ab. Es war ein Regen von Wundern'', berichtete Reinhard.

Von Zaire flog Reinhard zurück nach Johannesburg, wo die erste Evangelisation des Jahres 1982 vorbereitet wurde. Sie sollte in Newcastle, Natal, stattfinden. Es wurde ein guter Start. In den zwei Wochen bekehrten sich mehr als 6000 Menschen. Während Reinhard jeden Abend vor den Menschen stand, die das Zelt füllten, mußte er an seine erste Versammlung denken, die er in Newcastle gehalten hatte. Das lag 15 Jahre zurück. Es war kurz vor seiner Zeit in Lesotho gewesen. Er hatte damals eine Handvoll Zuhörer gehabt. In diesen 15 Jahren war wahrhaftig eine Menge geschehen.

Neben den abendlichen Zeltversammlungen gab es in einem Hotel ein Missions-Frühstück und zwei Freiversammlungen in einem nahegelegenen Sportstadion. Am letzten Abend erlebten Hunderte mit, wie eine Frau aus der Stadt ihren Rollstuhl verließ und allein gehen konnte. Sie litt seit vier Jahren an Beckenkrebs und wurde langsam zum Krüppel, so daß sie nun schon den Rollstuhl benutzen mußte. Als ihr die Hände aufgelegt wurden, stand sie auf und lief. Sie schob ihren Rollstuhl selbst aus dem Stadion hinaus zu ihrem Auto, während Hunderte von Menschen staunend zuschauten.

Auch im April tat der Herr weiterhin große Dinge, als das gelbe Zelt in Pietermaritzburg stand. Hier entschieden sich etwa 8000 Menschen für Gott. Im Jan Smuts-Stadion gab es eine Versammlung, bei der Weiße, Inder, Mischlinge und Schwarze in geistlicher Einheit zusammenkamen und gemeinsam Gott lobten und priesen. In Pietermaritzburg kam unter anderen auch Herr Gordon Everton zu den Versammlungen. Er war seit 27 Jahren körperbehindert und seit etlichen Jahren an den Rollstuhl gebunden. Als Pastor Kolisang mit ihm betete, stand er auf und konnte gehen. Später sagte er, er fühle sich so wohl, daß er überlege, ob er wieder zu seiner früheren Arbeit als Schweißer zurückkehren solle.

Reinhards Übersetzer in dieser Evangelisation war Pastor Vilakazi. In sein Haus wurde eingebrochen, und alle seine Kleidung wurde gestohlen. Wenige Tage vor dem Ende der Evangelisation kam Pastor Vilakazi heim und fand die gestohlene Kleidung gereinigt und säuberlich zusammengelegt auf seinem Bett. Auf dem angesteckten Zettel stand: ,,Es tut mir leid, daß ich die Kleider gestohlen habe. Vor drei Tagen nahm ich in dem gelben Zelt den Herrn an. Bitte, vergib mir."

Obwohl die Menschen gewöhnlich durch die Wunder angezogen wurden, sind es doch diese Zeugnisse, die Reinhard am meisten liebt. Er ist überzeugt, daß die körperliche Heilung nichts anderes als ein Teil der Erlösung in Christus ist, deshalb betet er auch stets für die Kranken. ,,Doch für mich ist immer noch das größte Wunder auf Erden, wenn ein Mensch wiedergeboren wird in die Familie Gottes hinein", sagt er. Und dieses lebensverändernde Evangelium predigt er, um damit Afrika für Jesus zu gewinnen.

Anfang 1982 lud Paul Yonggi Cho, Pastor der berühmten ,,Central Full Gospel Church" in Seoul, Südkorea, Reinhard ein, seine Kirche zu besuchen. Reinhard freute sich sehr über diese Einladung und bekennt, daß er während seines Aufenthalts bei Yonggi Cho tausend Fragen an den Mann stellte, der die größte Gemeinde der Welt leitet.

,,Yonggi erzählte mir, seine Gemeinde würde jeden Monat um etwa 9000 Mitglieder zunehmen. Am Sonntag wollte ich meinen Augen nicht trauen. Es war wie in einem Ameisenhügel und begann sechs Uhr morgens. Tausende von Menschen strebten von allen Seiten in die riesige Kirche, um Gottes Wort zu hören. Dann gingen sie wieder, um anderen Tausenden Platz zu machen. Man sagte mir, daß die christlichen Kirchen in Korea zur Zeit viermal so schnell wachsen wie die gesamte Bevölkerung. Geht es so weiter, werden 1990 50 Prozent der Bevölkerung Christen sein."

Die Zeit mit Yonggi Cho ermutigte Reinhard sehr, denn auch ein Mann wie er braucht von Zeit zu Zeit eine Bestätigung, daß seine Vision, ,,Afrika soll gerettet werden", nicht nur ein leerer Slogan ist. Er sagt: ,,Als ich sah, was Cho tut und wie der Herr ihn segnet, habe ich gesagt: Herr, ich habe Dir noch viel zu wenig zugetraut."

Er kehrte mit gestärktem Glauben nach Südafrika zurück. Und das war auch nötig. Da sich die Herstellung des großen Zeltes dem Ende näherte, war ein riesiger Betrag zu zahlen. Um die Planen endgültig fertigzustellen, mußte mehr von dem Material aus Amerika gesandt werden. Doch dies sollte erst geschehen, wenn bezahlt worden war. Die letzte Zahlung, rund DM 450 000,—, mußte noch gemacht werden. Es bestand die Möglichkeit, daß die Lieferanten den ganzen Vertrag aufkündigten, wenn dies nicht rechtzeitig geschah. Dann wären rund 1 Million DM verloren gewesen. Die amerikanische Firma hatte einen letzten Termin gesetzt. Deshalb betete das CfaN-Team mit aller Kraft, den möglichen Verlust vor Augen, der das ganze Projekt gefährden konnte.

Etwas Geld ging ja laufend ein, und Reinhards Sekretärin, Susanne Pfister, öffnete jeden Tag eilig und voller Erwartung, das benötigte Geld würde endlich kommen, die Post. Doch es kam nicht. Der endgültige Termin rückte näher. Hätte man einen Blick in die geistliche Welt tun können, wäre wohl zu sehen gewesen, daß Reinhards Glaubensschild wahrscheinlich von all den Schlägen ziemlich krumm und zernarbt ausschaute und keinesfalls das strahlende Symbol war, mit dem er einige Jahre früher begann. Es war eine beklemmende Zeit. Doch Reinhard ermutigte sich immer wieder an der Tatsache, daß dieses große Zelt nicht sein Projekt war. Und deshalb wartete er auf die ,,Befreiung", die kommen würde.

Am Montagmorgen saß die Bonnkefamilie am Frühstückstisch. Es waren nur noch zwei Tage bis zum endgültigen Termin. Da klingelte das Telefon. Reinhard ging zum Apparat. Es war ein Ferngespräch aus Deutschland. Ein Mann, den Reinhard nicht kannte, rief an. Seine aufgeregte Stimme klang aus dem Hörer: ,,Bruder Bonnke, ich konnte heute nacht nicht schlafen..."

Reinhard meinte, nachdem er diese Worte gehört hatte, es sei jemand, der den Wunsch habe, er solle mit ihm am Telefon beten. Also fragte er, worum es sich denn handle.

Der Mann fuhr fort: ,,Pastor Bonnke, wenn ich meine Augen schließe, sehe ich die ganze Nacht Ihr Gesicht vor mir, und eine Stimme sagt: »Pastor Bonnke braucht dringend Geld!« Stimmt das?"

In Reinhards Brust begann eine ganze Halleluja-Symphonie zu erklingen, als er antwortete: ,,Ja, das stimmt."

Zurück kam die drängende Frage: ,,Wieviel brauchen Sie?"

Heilige Erregung ergriff Reinhard, als er so ruhig wie möglich erwiderte: ,,Ich kann es nicht sagen. Wenn ich Ihnen die Summe mitteile, werden Sie denken, ich sei unverschämt."

Doch wieder kam die verzweifelte Bitte: ,,Pastor Bonnke, bitte, sagen Sie es mir. Ich muß die Summe wissen."

,,Also gut, ich benötige dringend rund 450 000,— DM", sagte Reinhard.

Einige Augenblicke war Stille, nur unterbrochen von den knackenden Geräuschen im Telefon. Dann kam die überwältigende Antwort: ,,Ich werde den Betrag heute noch überweisen.''

Reinhard stand einen Augenblick wie versteinert, brach aber dann in laute Hallelujas aus, wodurch der einfache Frühstückstisch in ein Lob- und Dankbankett verwandelt wurde, als er und seine Familie über diese ,,Befreiung'' in letzter Stunde jubelten. Der geheimnisvolle Anrufer, ein Katholik, hielt sein Versprechen. Das Geld kam zur rechten Zeit — und der Spender hatte eine gute Nachtruhe. Wenn Reinhard diese Geschichte erzählt, fügt er gewöhnlich verschmitzt hinzu: ,,Ich habe ja wie ein Baby geschlafen, denn ich wußte, der Herr würde uns nicht enttäuschen. Doch der Mann, der das Geld hatte, konnte nicht schlafen.''

Das war eine spektakuläre und wunderbare finanzielle Hilfe. Doch der Glaube des Teams war bis zum Zerreißpunkt erprobt worden. Aber das ,,tägliche Brot'' für das Werk wird gewöhnlich nicht in so aufregender Weise geschenkt. Es kommt meist in kleinen Beträgen von Tausenden von treuen Gebetspartnern aus vielen verschiedenen Ländern. Oft befinden sich in der CfaN-Post zerknitterte und angeschmutzte Umschläge mit Überweisungen von DM 1,— oder 2,— von irgendeiner armen Witwe, die in einer einsamen Gegend lebt. Dann muß Reinhard immer an das Opfer der Witwe in der Bibel denken. Nie verachtet er solche geringen Gaben.

Die finanzielle Seite von Reinhards Werk erweckt natürlich immer Neugier, vor allem bei weltlich gesinnten Menschen. Wenn das große Zelt erwähnt wird und die dazu nötigen Millionen, fragen sich solche Leute, warum es Menschen gibt, die dafür opfern. Sind die vielleicht etwas zu einfältig? Manche dem Christentum Fernstehende sehen darin oft nur einen besonders raffinierten psychologischen Trick, mit dem Reinhard auf den Gefühlen der Menschen spiele, um sie zum Geben zu bewegen. Doch Reinhard spielt nie auf den Gefühlssaiten, wenn es um Finanzen geht. Statt dessen legt er die finanziellen Bedürfnisse des Werkes sehr nüchtern dar, wenn er einen Appell für Finanzen macht, und ist sehr zurückhaltend. Er vertraut viel lieber dem Heiligen Geist, daß Er die Herzen und Brieftaschen seiner Zuhörer anrührt.

Es stimmt wirklich, daß er kein Schema hat, mit dem er finanzielle Unterstützung sucht, außer sein Vertrauen in Gott, daß dieser für alle Bedürfnisse sorgen wird. Es stimmt allerdings auch, daß Reinhards ganze Art die Menschen dazu bewegt, gern zu helfen.

Ein Pastor erklärte es einmal so: ,,Wenn ich Bonnke predigen höre, juckt meine Hand, um ihm Geld zu geben. Wenn ich aber andere Männer predigen höre, ist mir oft, als sollte ich zu ihnen gehen und sie um einen Kredit bitten.''

Nach der Finanzkrise um das große Zelt atmete die hart arbeitende Mannschaft einmal tief durch und packte neu zu. Die Stahlmasten waren fast fertig. Die Stahlseile und die gewaltigen Karabinerhaken, zum Aufhängen derselben, standen zur Verfügung. Auch die Herstellung der mächtigen Zeltanker näherte sich dem Abschluß. Als das Material für die Planen aus Amerika eintraf, begann die mühsame Arbeit des Schneidens und Klebens. Alles an dem Projekt war groß, nur die Mannschaft, die daran arbeitete, war an Zahl recht klein und arbeitete täglich viele, viele Stunden, um Zeit einzusparen. Endlich waren die Ingenieure bereit, einen genaueren Termin anzugeben, an dem das Zelt zum ersten Mal aufgestellt werden sollte: November/Dezember.

Reinhard hatte natürlich laufend Termine angegeben, seit das Projekt begann. Er war besonders froh, daß nun endgültig etwas vorzuweisen war. Denn in der langen Zeit hatten sogar einige seiner treuesten Gebetspartner angefangen zu zweifeln, ob das große Zeltprojekt wirklich weise war. Drei Jahre waren vergangen, seit 1979 die ersten Pläne angefertigt wurden.

Der andere beunruhigende Faktor waren natürlich die Kosten des Projekts. Obwohl sie sich für das eigentliche Zelt im Rahmen der ursprünglich veranschlagten rund DM 4,5 Millionen hielten, hatte die zusätzliche Ausrüstung und die benötigten Transportmittel für die gigantische mobile Kathedrale und die immer noch anhaltende Inflation die Kosten auf rund 13 Millionen anschwellen lassen. Trotz dieser ernsten Verteuerung entschied Reinhard, der, hätte Gott ihn nicht in Seinen Dienst gerufen, sicherlich Unternehmer geworden wäre, das Hauptquartier in Witfield zu erweitern und ein Grundstück, das neben ihrem eigenen lag, für DM 600 000,— zu kaufen. Ein großes Haus stand schon darauf, das noch erweitert werden sollte, um Wohnmöglichkeiten für den, des großen Zeltes wegen, weiter wachsenden Mitarbeiterstab zu schaffen und auch Garagen für die ebenfalls wachsende Transportflotte.

Mitte 1982 entwickelte sich alles zu Reinhards Zufriedenheit. Er war im Mai in Deutschland gewesen und stand nun vor einer Evangelisation in Swasiland, die durch einen berühmten Gast, den amerikanischen Apollo-16-Astronauten Charles Duke, eine besondere Note erhalten sollte.

16. Kapitel

Die Masten stehen

Die Evangelisation in Swasiland verlief wie die anderen. Besonders erfreulich war, daß viele Angehörige des Königshauses von Swasiland eine Reihe der Versammlungen besuchten. Für Reinhard gab es immer mehr Predigtverpflichtungen, so daß das Jahr nur so dahinflog. Ebenso wurde er immer mehr zu Missionsfrühstücken und Banketten gebeten. Sie entwickelten sich zu idealen Möglichkeiten, vor allem in ländlichen Gebieten und kleineren Städten viele neue Gebetspartner zu gewinnen und seine Absichten darzulegen.

Nach Swasiland kamen weitere Evangelisationen in Thlbani, Rustenburg, Ga-Rankuwa, Mabopane und Hammanskraal. Dazwischen lagen auch ein Besuch der Zululand-Universität, eine Wochenend-Evangelisation in Ladysmith, ein Besuch in Nairobi anläßlich der Pfingst-Weltkonferenz, ein Besuch in Deutschland im Oktober, eine Gebetspartner-Konferenz in Witfield und eine Wochenend-Konferenz in Kapstadt. Weiterhin gab es die Frühstücks- und Banketteinladungen, Besuche in verschiedenen Kirchen im ganzen Land usw. Er war fortwährend in Bewegung und flog von einem Zentrum zum nächsten, um das Evangelium zu predigen, das er so sehr liebte.

Menschenmassen füllten in jeder Evangelisation das gelbe Zelt und die Sportstadien bei Konferenzen, wie z. B. das Greenpoint-Stadion in Kapstadt. Von jeder Versammlung wären ein Dutzend oder mehr herzbewegende Geschichten zu erzählen. Die Evangelisationen wurden so hektisch, daß es für die von CfaN angestellte Reporterin Betty Lore schwierig wurde, mit all den Zeugnissen, die eintrafen, noch fertig zu werden. Eine ungewöhnliche Geschichte in Rustenburg hatte mit Kassendiebstahl und einem Möbeldieb zu tun:

Ein Ehepaar kam nach einer Versammlung zu einigen CfaN-Pastoren und berichtete von seinen Problemen. Die Frau hatte sich im Zelt bekehrt und wollte nun bekennen, daß sie in dem Geschäft, in dem sie früher arbeitete, Geld aus der Ladenkasse gestohlen hatte. Ihr Verlangen war groß, die Sache in Ordnung zu bringen. Ihr Mann war ein abgefallener Christ und hatte nun zum Herrn zurückgefunden. Er hatte eine Vertrauensstellung in einem Möbelgeschäft und bekannte, daß seine Wohnung mit gestohlenen Möbeln aus dem Geschäft ausgestattet war. Auch er wollte die Angelegenheit ordnen. Die Sache war nicht einfach, sondern konnte beiden Gefängnisstrafen einbringen. Doch sie waren entschlossen, trotzdem mit ihren Arbeitgebern zu reden. Also gingen sie, begleitet von zwei CfaN-Pastoren.

Zuerst gingen sie zum früheren Arbeitgeber der Frau. Er hörte aufmerksam zu und bemerkte dann, er sei selbst ein wiedergeborener Christ. Er folgerte: Hat die Frau vor Gott ihre Sünden bekannt und Er hat ihr vergeben, so muß ich ihr auch vergeben. Deshalb sah er davon ab, irgendwelche Maßnahmen zu unternehmen.

Die Gruppe fuhr zum Möbelgeschäft. Der Manager willigte ein, den Mann in seiner Arbeitsstelle zu belassen, wenn er alle gestohlenen Möbel bezahlen würde. Am nächsten Tag hörte der Generalmanager des Geschäfts von dem Vorfall. Er rief den Mann zu sich und sagte, er könne die Möbel behalten und brauche sie auch nicht zu bezahlen.

Vorfälle wie diese sind es, die zeigen, daß ,,das Alte vergangen und alles neu geworden ist'', wie z. B. auch die Geschichte von Jerry ,,Lucky'' Selekane. Jerry beschreibt sich selbst als ,,ein ausgewachsenes Kind des Teufels'', ehe er Jesus begegnete. Er war einer von den Tausenden, die in der Mabopane-Evangelisation zu Jesus fanden. Seine Bekehrung erregte im Distrikt ziemliches Aufsehen, denn er hatte die Menschen dort mit einem übel aussehenden Messer terrorisiert, sie bedroht und beraubt. Er gebrauchte das Messer auch. Drei Jahre früher hatte er seinem besten Freund damit in den Rücken gestochen, so daß dieser gelähmt war und im Rollstuhl sitzen mußte. Jerry mußte wegen Körperverletzung sechs Monate ins Gefängnis. Nach seiner Entlassung hörte er, daß die Verwandten seines früheren Freundes ihm Rache geschworen hatten. Jerry versteckte sich in der Hütte einer Tante. Dort bekam er einen Schlaganfall und wurde teilweise gelähmt. Beim Zauberdoktor suchte er Hilfe, doch es wurde immer schlimmer. Er bekam plötzliche schwere Anfälle. Bei einem dieser Anfälle fiel er in Ohnmacht. ,,Ich träumte, ich würde sterben. Als ich erwachte, standen Tante und Onkel an meinem Bett und hielten meine Hand.''

Mit einem solchen Leben kam Jerry in das gelbe Zelt. Er wußte, daß hier seine letzte Chance war. Noch vor der Predigt bekehrte er sich zum Herrn, weil durch das Singen der Versammelten sein Herz so bewegt wurde. Doch nach seiner Bekehrung mußte Jerry sich den nicht geordneten Dingen seines alten Lebens stellen, das bedeutete: Er mußte zu den Leuten gehen, die ihm Rache geschworen hatten. Die CfaN-Pastoren ermahnten ihn, seinen Freund aufzusuchen und das Verhältnis zu ordnen. Er wollte zuerst nicht, weil er Angst vor des Freundes Verwandten hatte. Doch als die Pastoren sagten, sie würden mit ihm gehen, willigte er ein.

Weil er sich fürchtete, wartete er im Verborgenen, während die CfaN-Pastoren das Haus betraten. Der Gelähmte erklärte seine Bereitschaft, zu vergeben. Doch die Mutter und der Rest der Familie weigerte sich; sie wollten Rache. Um einen üblen Vorfall zu vermeiden, gingen die Pastoren mit Jerry weg. Er besuchte weiter die Versammlungen und freute sich an seiner Erlösung. Bald hatte er soviel Vertrauen in seinen neugefundenen Glauben, daß er eine mutige Entscheidung traf: ,,Ich gehe zur Familie meines Freundes'', sagte er zu den Pastoren, ,,auch wenn sie mich erschießen.'' Am nächsten Vormittag machte er sich mit einigen aus dem Team auf zu seinem gelähmten Freund. Die Atmosphäre war gespannt. Doch nach langer Unterhaltung willigte die Mutter ein, dem Mann zu vergeben, der ihren Sohn so zugerichtet hatte. Jerry bot freiwillig an, ihr das Geld zu zahlen, das der Rollstuhl gekostet hatte.

Einige Monate später kam Jerry nach Witfield, um an einer CfaN-Gebetspartner-Konferenz teilzunehmen. Sein Herz brannte für Gott. Er rühmte Gottes Liebe, die nicht nur seine eigene Seele errettet hatte, sondern ihn auch mit denen versöhnte, die er geschädigt hatte und die ihn jagen und töten wollten wie einen Hund.

Mehrere Bände wären nötig, um alles zu beschreiben, was sich an Lebensveränderungen, Dämonenbefreiungen und Krankenheilungen in der CfaN-Arbeit im Jahr 1982 zugetragen hat. All diese Begebenheiten machten Reinhard Freude. Und doch war es eine Sache, die ihn stets besonders beschäftigte — das große Zelt! Denn endlich sah er es stehen; und nach vier Jahren konnte er nun seinen treuen Gebetspartnern sagen: Es ist wahr geworden. Viele Schwierigkeiten mußten überwunden werden. Sogar jene, die am Zelt mitgearbeitet hatten, mußten zugeben, daß Zeiten gekommen waren, wo sie daran gezweifelt hatten, ob das Projekt überhaupt zu verwirklichen sei. Doch wie Gideons tapfere Dreihundert hatten sie durchgehalten und konnten nun mit Paulus sagen, daß ihre Arbeit nicht vergeblich gewesen war.

Der Geschäftsführer von CfaN, Peter Vandenberg, pachtete ein großes Stück Land in Bocksburg, um darauf das Zelt zur Probe aufzustellen. Die Zeltmannschaft machte sich nun daran, die riesigen Stahlmasten, die Kilometer von Stahlkabeln, die LKW-Ladungen an Karabinerhaken, Bolzen und Ketten, die dicken Zeltanker und vor allem die kostbaren Zeltplanen die 35 Kilometer von Springs nach Bocksburg zu transportieren. Es wurde beschlossen, für diesen Test nur sechs der 13 Masten aufzustellen. Tiefe Löcher für die Zeltanker wurden gebohrt. Der Boden erwies sich als gut geeignet. Er war etwa zur Hälfte aus einer weichen aber zähen Tonmischung, und an der Nordseite stießen die Bohrer auf soliden Fels.

Als die Anker fest saßen, kam die große Arbeit des Aufstellens der sechs Masten. Sechs riesige Kranwagen rollten auf das Grundstück, das langsam einer Schiffswerft ähnlich sah. Am Ende des Tages gab es großen Jubel, als alle sechs Masten sich stolz sieben Etagen hoch in den Himmel reckten.

Reinhard weint nicht leicht, aber an diesem Tag überwältigte es ihn. Er war in geschäftlichen Angelegenheiten unterwegs und wußte nicht, daß die Masten schon standen. Als er gegen Abend heimwärts fuhr, sah er etwas ganz Neues. Erst bei näherem Hinschauen dämmerte ihm, daß es sich um die großen Zeltmasten handelte. Seine Seele war erfüllt mit Freude und Glück, und Tränen der Dankbarkeit rollten ihm über das Gesicht.

Das Aufstellen hatte eine Menge Schweiß gekostet. Auch einer der Masten hatte einige Schwierigkeiten gemacht. Doch als es dunkel wurde, stand das Zelt und bewegte sich leicht im Abendwind. Am nächsten Tag mußte nur noch alles verspannt und die Stahlkabel festgezogen werden. Aber in der Nacht gab es ein furchtbares Gewitter, verbunden mit starkem Sturm und Hagel. Am nächsten Morgen sah die Mannschaft das noch nicht verspannte Zeltdach durchhängen. Tonnen von Wasser hatten sich darin gesammelt. Es hatte aber kaum Schäden gegeben. Doch das Team hatte daraus wieder einige wertvolle Lektionen gelernt. Auch einige andere Probleme kleinerer Art machten sich beim Aufstellen bemerkbar, so daß am Ende doch der dreizehnte Mast weggelassen wurde.

Als das Jahr zu Ende ging, erholten sich Reinhard und das

Team bei einem wohlverdienten kurzen Urlaub. Nach vier Jahren war die Vision endlich Wirklichkeit geworden. Das Zelt, wenn auch zunächst nur ein Teil, stand stolz an der Hauptverkehrsstraße am East Rand als Symbol von erstens Gottes übernatürlicher Hilfe auf finanziellem Gebiet und zweitens vom Glauben eines Evangelisten, der für Jesus alles wagte.

Die große Frage war nun, wann die erste Arbeit mit dem großen Zelt beginnen konnte. Die Ingenieure wollten erst noch einige Tests machen. Man schätzte, die offizielle Einweihung des Zeltes könne Anfang 1983 stattfinden. Doch eines war jetzt schon klar: Der Transport dieses riesigen Baues mit all seiner Ausrüstung benötigte noch mehr Fahrzeuge. Außerdem wollten die Techniker das Zelt mindestens noch einmal komplett aufstellen, ehe es für eine volle Evangelisation gebraucht werden konnte.

Dies waren einige der Überlegungen, die mit in das Jahr 1983 genommen wurden. Die weiterhin benötigten finanziellen Mittel waren, wie immer, eine drängende Notwendigkeit. Und außerdem brauchte es 19 riesige LKWs, um dieses Monsterzelt zu transportieren. Diese LKWs allein würden fast 4,5 Millionen DM kosten.

17. Kapitel

Prüfungen — dann Sieg

Das Jahr 1983 wurde ohne Zweifel das hektischste in Reinhards bisherigem Leben. Unter den ihm am nächsten Stehenden gab es einige Befürchtungen, ob er sich nicht zuviel aufladen würde. International reiste er mindestens 150 000 Kilometer und in Südafrika nochmals mindestens 50 000 Kilometer, predigend in Evangelisationen, Konferenzen, Gemeinden, Banketts und großen Treffen. Reinhard Bonnke, Evangelist in Afrika, war mittlerweile in der ganzen Welt als eine der führenden Figuren auf dem Gebiet der Evangelisation anerkannt. In den vergangenen drei Jahren war sein Dienst fast explodiert. Die Organisatoren seiner Feldzüge, Sam Tshabalala und Mike Eltringham, konnten den Einladungen kaum mehr gerecht werden.

Das Jahr begann mit einer Evangelisation in Mamelodi, Pretoria. Kaum war die Arbeit beendet, als er, Pastor Kolisang und sein Sänger Tommy Saaiden über den Indischen Ozean nach Neuseeland flogen, um zwei Abende in Perth und dann in Auckland Versammlungen zu halten. In Perth hatte das Trio ziemliche Probleme mit der Zeitverschiebung. Tommy Saaiden schlief ein, während Reinhard predigte. Es ist schon eine Leistung, zu schlafen, während Reinhard predigt. In der Versammlung in Perth mußte Reinhard innerlich lachen. Der Herr gab ihm eine Offenbarung über jemand in der Versammlung mit einem steifen linken Arm. Er teilte der Versammlung mit, daß der Herr diesen steifen Arm heilen wolle. Kaum hatte er es gesagt, als eine liebe Frau in der ersten Reihe aufstand und mit typisch neuseeländischer Offenheit rief: ,,Sag, Pastor, tut es ein rechtes Bein auch?''

In Auckland hatten 26 Pfingstgemeinden die Evangelisation vorbereitet. Pastor Rob Wheeler, Leiter einer großen Gemeinde, hatte die Einladung angeregt. Sie wurden nicht enttäuscht, denn 3000 bis 4000 Menschen füllten jeden Abend die Halle. Die Tageszeitung ,,The Auckland Star'' wählte als Artikelüberschrift:

„Feuriger Evangelist plündert die Hölle, um den Himmel zu bevölkern." Die lokale Tageszeitung brachte Berichte und Interviews mit Menschen, die geheilt worden waren.

Die Vertreter der Massenmedien versuchten, die Meinung Reinhards und seiner Kollegen im Blick auf ihre politische Haltung in Südafrika zu erfahren. Doch das CfaN-Team ließ sich nicht in die politische Arena ziehen. Reinhard erklärte höflich aber fest: „Ich bin nicht ein Teil des Problems, sondern ein Teil der Lösung. Ich bin Botschafter Jesu und nicht der irgendeines Landes."

Im Februar zurück in Südafrika, ging er sofort auf das Podium seines geliebten gelben Zeltes. Während der Evangelisation in Dennilton machten sich wieder Dämonen stark bemerkbar. Es war eine Erinnerung daran, daß unser eigentlicher Kampf nicht gegen Fleisch und Blut, sondern gegen geistliche Mächte geht.

Ein kleines CfaN-Team hielt im Februar auch Wochenendversammlungen im Westbourne-Stadion in Port Elizabeth. Ein großer Augenblick war es, als Frau Elisabeth Louw, eine ältere Dame, aus ihrem Rollstuhl aufstand, nachdem Pastor Kolisang mit ihr gebetet hatte. Einige Pastoren hoben den Rollstuhl in die Luft, um allen zu zeigen, was der Herr getan hatte. Die 63 Jahre alte Frau Elisabeth Louw schob ihn dann selbst aus dem Stadion. Die kleine, sechs Jahre alte Princess Jakavula war lahm geboren und mußte deshalb eiserne Beinschienen tragen. Nachdem Reinhard mit ihr gebetet hatte, wurden die Schienen abgenommen. Sie konnte ganz normal gehen. Dies sind nur zwei von vielen wunderbaren Zeugnissen aus dieser Evangelisation.

Im März bestieg Reinhard wieder das Flugzeug. Sein Ziel hieß dieses Mal USA. Er war schon etliche Male dort gewesen und hatte in vielen Gemeinden gesprochen, doch schien es, als könne er den Durchbruch nicht erzielen, den er sich unter den amerikanischen Christen wünschte. Seine Frau Anni und der Sänger Tommy Saaiden begleiteten ihn auf der Vier-Wochen-Reise. Nach seiner Rückkehr, die ihn kurz über Brasilien führte, berichtete er von zufriedenstellenden Reaktionen. Er hatte wichtige Kontakte herstellen können und für die Zukunft Brücken gebaut. Diese amerikanischen Verbindungen wurden immer enger geknüpft, und schon Ende 1983 ergaben sich daraus beträchtliche Vorteile.

Inzwischen bereitete das Team in Südafrika die nächste Evangelisation in Tafelkop in Nordtransvaal vor. Während einer Versammlung in Houston, Texas, empfing Reinhard eine wichtige Botschaft von seiner Sekretärin Susanne, er solle sich dringend mit ihr in Verbindung setzen. Er wußte, daß es eine ernste Sache sein mußte und dachte sofort an das große Zelt.

Schnellstens rief er in Südafrika an und weckte seine Sekretärin drei Uhr morgens. Die Nachricht ließ ihn erschauern: „Das Zelt ist zerstört... Das in Tafelkop." Als er hörte: „Das Zelt ist zerstört", sank ihm der Mut. Doch dann wurde ihm klar, daß es sich um das alte gelbe Zelt handelte. Aber das war fast genauso schlimm, denn im Augenblick war das andere noch nicht arbeitsbereit. Ohne das Zelt gab es für die Evangelisation ernste Schwierigkeiten. Er verbrachte eine besorgte Nacht im Gebet. Die Einzelheiten des Schadens kannte er noch nicht genau. Er wußte nur, daß in einem Sturm die Masten umgefallen waren und das ganze Zelt auf eine Versammlung von 3000 Menschen stürzte. Doch schien niemand ernstlich verletzt worden zu sein.

Bei seiner Ankunft in Brasilien hörte er Näheres. Die eigentliche Evangelisation war gut zu Ende gegangen. Das Nacharbeitsteam hielt nun im Zelt jeden Abend noch Bibelklassen für die Neubekehrten. Am zeitigen Abend, als die neubekehrten Christen ins Zelt kamen, hatte es ganz plötzlich einen furchtbaren Sturm gegeben. Die Zeltmannschaft begann sofort die Seitenteile herunterzulassen und die Taue anzuziehen. Doch der Sturm war schneller. Nach den Berichten mußte es wohl ein Tornado gewesen sein, obwohl sie in diesem Teil des Landes sehr selten sind.

Suzette Hattingh, Leiterin der CfaN-Frauenarbeit, war gerade auf dem Podium und beschreibt, was geschah: „Der Wind fuhr unter das Zeltdach und schien es aufzublasen wie einen Ballon. Dann fiel es wieder zusammen. Das wiederholte sich ein zweites Mal, und alles schien sich aufzulösen. Der Haupteisenträger in der Mitte des Zeltes hob sich an. Die Zeltpfähle hoben sich. Alles begann zu rasseln und zu fallen. Es war wie eine langsame Flutwelle; nur, daß diese Welle ein riesiges gelbes Zeltdach, Kabel, Lampen und Zeltpfähle waren.

Ich habe noch nie so viele Leute so schnell aus einem Zelt laufen sehen. Ich glaube, die Engel haben dabei geholfen. Ein Mast im Hinterteil des Zeltes drehte sich und brach zusammen. Der Mast am Podium stand, begann sich aber zu krümmen wie ein Bogen. Unser Organist machte einen Purzelbaum über den Podiumrand und verschwand im Dunkeln. Einige Augenblicke später stand ich allein im Zelt. Im Hintergrund hörte ich einen automatischen melodischen Rhythmus. Es war die Orgel."

Richard Walters, ein Amerikaner, bei CfaN Leiter des Nacharbeitsteams, war für einige Zeit unter dem Zeltdach gefangen, konnte sich aber unverletzt befreien. Es gab keine Panik, obwohl viele Mütter bei der wilden Flucht aus dem Zelt zunächst einmal ihre Kinder verloren hatten. Am nächsten Tag wunderte sich das Team über die Zerstörung, die der Wind angerichtet hatte. Aber sie staunten noch mehr, daß Gott dabei wunderbar die 3000 Menschen vor Schaden bewahrt hatte.

Es schien so, als würde durch den Schaden die nächste Evangelisation, die für Anfang April in Syabuswa geplant war, verschoben werden müssen, obwohl sie in der ganzen Gegend schon bekannt gemacht wurde. Die Versicherung wurde gerufen, um den Schaden aufzunehmen. Die Fachleute schätzten, es würde mindestens zwei Monate dauern, bis das beschädigte Zeltdach wieder repariert war. Die wichtigste Frage war: Sollte die Syabuswa-Arbeit abgesagt werden, oder sollten die Versammlungen im Freien stattfinden? Reinhard zögerte, als er an die früheren Freiversammlungen dachte. Doch dann erklärte er: ,,Die Evangelisation wird gehalten.''

Im April ist es abends noch warm. Die Frage war, ob es regnen würde. Die Evangelisation wurde auf eine Woche verkürzt. Aber was wurde es für eine Woche! Der Versammlungsplatz war ein Stück Buschland, etwa einen halben Kilometer vom Postamt entfernt. Das Podium wurde aufgestellt und zwei heile Masten errichtet, an denen die Flutlichter und Lautsprecher aufgehängt wurden. Die Zeltbänke standen, und das Team wartete, was geschehen würde. Als der Sonnenuntergang den Himmel rosarot färbte, erschienen die Menschen in langen Reihen von allen Seiten. Am ersten Abend waren es fast 6000. Und jeden Abend wurden es mehr, bis sich zur letzten Versammlung fast 12 000 Besucher unter dem wolkenlosen Sternenhimmel zusammenfanden. Der Segen floß in Strömen, und Tausende übergaben in dieser verkürzten Evangelisation ihr Leben Jesus.

Als sich die Mitarbeiter in Witfield gerade daran gewöhnten, daß Reinhard wieder im Büro war, ging es neu auf Reisen. Das Ziel war Helsinki in Finnland. Doch vorher gab es aus zwei Gründen noch einen Aufenthalt in Kopenhagen. Erstens sollte er in einer der größten Pfingstgemeinden der Stadt predigen, und zweitens sollte ein Radio-Interview für den christlichen Sender in Adelaide, Australien, gemacht werden.

Nachrichten von dem großen Zelt und von Reinhard waren auch nach Australien gekommen. Eines der größten christlichen Magazine des Landes, ,,Australia's New Day", hatte einen langen Artikel gebracht mit der Zweitüberschrift ,,Reinhard Bonnke: Afrikas Billy Graham". Der Herausgeber des Magazins war so begeistert von der Geschichte und dem großen Zelt, daß er sich mit dem CfaN-Hauptquartier in Verbindung gesetzt hatte, um ein Telefon-Interview zu arrangieren. Wegen Reinhards knappen Terminen ging das nur in Kopenhagen. So kam es zu der Verbindung, und Reinhard konnte vielen tausend neuen Hörern von seiner Vision eines ,,bluterkauften Afrikas" erzählen. Gott gab immer neue Möglichkeiten, diesen großen Auftrag zu unterstützen. Dies war auch der Grund, weshalb Reinhard so durch 1983 hetzte. Er wollte keine der Türen, die sich öffneten, auslassen.

In Helsinki eintreffend schien es ihm, er sei hier der Kandidat für eine Präsidentenwahl. Überall konnte man Reinhard Bonnke sehen, so viele Plakate hatten die finnischen Gemeinden geklebt. Als er vor dem Hotel stand, sah er seinen Namen und sein Bild sogar an der Seitenwand einer Straßenbahn an sich vorbeifahren. Die finnischen Pastoren hatten unermüdlich für diese große Evangelisation gearbeitet, welche im Eisstadion von Helsinki stattfinden sollte. Außerdem waren noch kleinere Versammlungen in Pori und Kuopio geplant. Zusätzlich war auch noch ein ,,Marsch für Jesus" durch Helsinkis Hauptstraßen vorgesehen. Eine Zeitung hatte eine Umfrage gestartet und festgestellt, daß fünf Prozent der Einwohner von Helsinki wußten, wer Reinhard Bonnke war. Eine erstaunliche Tatsache.

Die Publizität für den deutschen Evangelisten erregte natürlich das Interesse von Presse, Radio und Fernsehen. Deshalb waren sie zur ersten Versammlung in Helsinki alle gekommen, um zu sehen, was diesen Mann so populär machte. Sie waren offensichtlich beeindruckt. Denn als Reinhard spät abends in sein Hotelzimmer zurückkehrte und den Fernseher anstellte, sah er sich selbst im Eisstadion predigen. Am nächsten Tag brachte Helsinkis größte Nachmittagszeitung auf der Titelseite Reinhards Bild und als Hauptereignis des Tages einen Artikel mit der Überschrift ,,Zeichen und Wunder heute". Am Abend war das Stadion mit 10 000 Menschen bis zum letzten Platz gefüllt.

Der Besuch wurde auf einem Gebiet eine neue Erfahrung. Reinhard war es von Afrika und anderen Gegenden gewöhnt, daß seine

Predigten immer wieder von Halleluja- und Preis-sei-Gott-Rufen unterbrochen wurden. Sein Stil reizt die Hörer dazu. Doch in Helsinki gab es keine solchen Reaktionen, außer eines schwachen „Amen" oder auch zweien von einigen, die in seiner Nähe auf dem Podium saßen. Aber er bemerkte, wie Frauen und Männer während seiner Predigt Taschentücher hervorholten und sich die Tränen von den Augen tupften. Finnen haben eben ein kühleres Temperament und sind nicht so leicht zu solchen Ausbrüchen zu bewegen. Doch ehe Reinhard Finnland verließ, hatte sein Predigtstil die Finnen so gepackt, daß laute Hallelujas die Halle erfüllten.

An einem Abend jubelten die Besucher im Eisstadion, als der Herr eine Zigeunerfrau anrührte, die auf einem Paar Krücken nach vorn kam. Als er für sie betete, fiel sie unter der Kraft des Heiligen Geistes zu Boden. Reinhard sagte den Diakonen, sie würde wieder zu sich kommen und dann allein gehen. Einige Augenblicke später wurde ihr auf die Füße geholfen. Sie hielt sich an ihren Krücken fest, bis Reinhard freundlich sagte: „Gib sie mir." Sie blickte ihn an und sah Jesu Mitleid in seinen Augen. Zehntausend Menschen sahen schweigend zu, als die Zigeunerin ihm die Krücken gab und einige zögernde Schritte machte. Dann schrie sie, begann zu rennen und zu springen. Da begann das Jubelgeschrei im Stadion, als die Finnen ihr Temperament vergaßen.

Jeden Abend kamen viele nach vorn, um ihr Leben Jesus zu übergeben. Die Leute standen in langer Reihe, um mit sich beten zu lassen. Es wurden so viele, daß Reinhard sie in zwei Reihen aufstellen ließ. Er konnte in der Mitte hindurchgehen und so jeweils mit zweien zugleich beten. Als er sich einmal umdrehte, sah er, daß alle, mit denen er gebetet hatte, auf dem Boden lagen. Eines Abends kam eine ältere Dame zum Gebet. Reinhard stutzte, denn sie hatte eine erstaunliche Ähnlichkeit mit seiner verstorbenen Mutter. Er erwähnte die Ähnlichkeit, umarmte sie und gab ihr einen leichten Kuß auf die Wange.

Die Menschen drängten so sehr, daß starke Brüder als „Leibwache" ihm jeden Abend helfen mußten, durch die Menge hindurch und aus dem Stadion zu kommen. Einmal fühlte er, wie jemand ihn von hinten an der Jacke zupfte. Er drehte sich um und sah gerade noch den Mann, der ihn gezupft hatte, weil er um Gebet bitten wollte, unter der Kraft Gottes zu Boden fallen. Bei einer anderen Gelegenheit hatten Zeitungsreporter unmittelbar vor seiner Predigt auf einem kurzen Interview bestanden. Eine Reporterin bat ihn, für sie zu beten. Er tat es, und sie fiel unter der Kraft Gottes zu Boden. Sicherlich ein recht ungewöhnlicher Weg, eine Pressekonferenz zu beenden.

Auch bei der säkularen Presse hinterließ er einen großen Eindruck. Ein populäres weltliches Magazin brachte große Bilder und einen Bericht von der Evangelisation. Ein Reporter war offensichtlich so beeindruckt von Reinhards Redegewalt, daß er vorschlug, die Abgeordneten des finnischen Parlaments sollten alle gehen, um Reinhard predigen zu hören. Die Nachricht von seinem Besuch ging bis nach Lappland. Eine Gruppe von Christen reiste über 1000 Kilometer an, um an einigen Versammlungen teilzunehmen.

Als Reinhard aus dem Flugzeug auf die grüne Landschaft des Landes der tausend Seen hinabschaute, konnte er Gott von ganzem Herzen danken für den Segen der Evangelisation in Finnland. Nun ging es zurück in das Land seiner Berufung — Afrika.

Seine nächste Evangelisation stand in scharfem Gegensatz zu den finnischen Verhältnissen. Das reparierte gelbe Zelt stand in Garborone, Botswana. Im Land herrschte furchtbare Dürre. Welch ein Unterschied von der klaren Luft Finnlands zu der brütenden Sonne Afrikas und dem roten Staub, der sich überall festsetzte. Doch er war zurückgekehrt in die Stadt, in der er im Jahre 1975 seine erste große Evangelisation gehalten hatte.

18. Kapitel

Hauptprobe für das große Zelt

Die Evangelisation in Botswana im Juni/Juli wurde ein großer Erfolg. Es begann mit zwei Wochen in Garborone. Dann wurde das Zelt umgesetzt und sollte noch zwei Wochen in Francistown stehen. Es gab ein frohes Wiedersehen mit manchen, die sich noch an die wunderbare Evangelisation von 1975 erinnerten, mit der Reinhards und CfaN-Evangelisationsweg eigentlich begonnen hatte. Unter ihnen war Pastor W. Scheffers, Vorsitzender der evangelikalen Allianz von Botswana. An 1975 denkend sagte er: ,,Es war das erste Mal, daß wir in Botswana die Kraft Gottes in dieser Weise wirken sahen. Blinde konnten sehen und Lahme gehen. Garborone ist seitdem nicht mehr die gleiche Stadt.''

Auch Herr Jimmy Sekake, 1975 Hausmeister der Stadthalle, erneuerte seine Freundschaft mit dem CfaN-Team. Er hatte sich 1975 bekehrt. Er, seine Frau und die Kinder dienten dem Herrn immer noch treu.

In Francistown ging die Arbeit noch besser. Nach dem ersten Abend erzählte man: Die Blinden sehen; und am zweiten Abend: Die Lahmen gehen. Die Nachricht von den Wundern im gelben Zelt verbreitete sich schnell. Am Ende der zwei Wochen hatten sich über 5000 Menschen für Jesus entschieden.

Reinhards Übersetzer in Francistown war Pastor Johannes Kgawarapi. 1975 hatte Reinhard während einer Versammlung in der Stadthalle von Garborone eine Offenbarung vom Herrn erhalten, daß er nach einem Mann mit Namen Johannes Ausschau halten sollte. Einer der ersten, die an diesem Abend nach dem Altarruf vorgingen, war Johannes. Er besuchte später die Bibelschule in Lesotho und wurde dann Pastor einer Gemeinde in Francistown.

Das Team traf auch einen weißen Farmer. Er war in der Francistownarbeit einer der freiwilligen Seelsorgehelfer. Der Mann hatte sich 1981 in Livingstone/Sambia bekehrt, als Reinhard dort predigte. Nun half er in Botswana eine neue Gemeinde aufzubauen und war auch Leiter einer Gefangenenarbeit.

Im Juni/Juli gab es zwei kleine Ereignisse, die wert sind berichtet zu werden, weil sie zeigen, daß auch Reinhard, trotz seines sprudelnden Glaubens und seiner scheinbar endlosen Energie, nicht gefeit ist vor den Schwächen und Krankheiten der Menschheit.

Reinhard hatte eine Einladung für ein dreitägiges Heilungsseminar im Juni nach Randburg angenommen. Dort sollte er in dieser Zeit auch in der Rhema-Gemeinde predigen. Er und einige andere Angehörige des CfaN-Teams kamen am Tag zuvor von Garborone nach Witfield zurück. Er war reif für nur einen Platz — das Bett. In Botswana hatte ihn die Grippe gepackt. Es stand auf Messers Schneide, ob er zu dem Heilungsseminar fahren konnte oder nicht. Die Familie, Freunde und Kollegen beteten ernstlich für ihn, und das Gebet der Gerechten siegte. Er bestieg in Randburg das Podium.

Während das Zelt von Garborone nach Francistown ging, fuhr Reinhard mit einem kleinen Team ins milde Durban für eine dreitägige Kurzarbeit. Für den Freitagabend war das Tennisstadion gemietet, am Samstagvormittag ein Missionsfrühstück im City-Hotel geplant, am Nachmittag sollte ein Gottesdienst im Sportstadion von KwaMashu stattfinden und am Abend eine Freiversammlung in der indischen Vorstadt von Chatsworth. Für den Sonntag waren Predigten in zwei Kirchen vorgesehen, am Vormittag und am Abend.

Das Tennisstadion am Freitag war übervoll. Es gab einen Sieg nach dem anderen in der Versammlung. Der 17 Jahre alte Robin Martin aus Windermere kam auf Krücken. Als er nach Hause ging, trug er sie unter dem Arm. Hier sein Zeugnis: „Drei Wochen vor der Versammlung zerriß ich mir während eines Rugbyspiels die Kniebänder. Die Schmerzen waren so schrecklich und die Verletzung so schwer, daß der Arzt überlegte, ob er den Knorpel unter der Kniescheibe entfernen müsse. Als Pastor Bonnke alle, die Heilung von Jesus wünschten, aufrief, schleppte auch ich mich unter Schmerzen auf meinen Krücken nach vorn. Als das Gebet begann, erhob ich meine Arme. Meine Krücken fielen zu Boden. Mir war, als ginge ein elektrischer Schock durch meinen Körper. Die Schmerzen im Bein verschwanden. Ich wußte, daß ich geheilt war." Robin drängte sich durch die Menge und stieg auf das Podium, um sofort Zeugnis von der Kraft und Gnade Gottes zu geben. Ein Fotograf fing das dramatische Bild ein, wie der Junge mit erhobenen Händen dasteht und Reinhard die Krücken in der Luft schwenkt.

Die Versammlung endete spät. Reinhard mußte am nächsten Morgen zeitig aufstehen für das Missionsfrühstück. Ihm war klar, daß er das Tempo die nächsten zwei Tage nicht durchhalten würde. Also sagte er die Versammlung am Sonntagabend ab, obwohl der Pastor sie schon überall bekanntgemacht hatte. Zum Glück war der Pastor sehr verständnisvoll. Reinhard versprach, es später im Jahr wieder gut zu machen, was er im Oktober auch tat. Die KwaMashu-Versammlung begann ohne Reinhard. Die Natur forderte ihr Recht. Er wollte über Mittag nur ein kurzes Nickerchen machen, fiel aber in tiefen Schlaf. Doch er kam noch zur rechten Zeit für seine Predigt. Nach dem Altarruf war buchstäblich die ganze Haupttribüne voller Menschen, die alle ihr Leben Jesus übergeben wollten.

Während des Nachmittaggottesdienstes begann es zu regnen, so daß es für die Freiversammlung am Abend in Chatsworth nicht sehr gut aussah. Es regnete auch noch leicht, als schon die Bänke aufgestellt wurden, doch trotzdem kamen viele Menschen. Gegen 19 Uhr, als die Versammlung beginnen sollte, hörte der Regen ganz auf, und der Mond kam heraus. Als Reinhard dann eintraf, um zu predigen, hatten sich etwa 4000 Menschen auf dem Fußballfeld versammelt. Er war so bewegt über die Offenheit seiner indischen Zuhörer, die ja hauptsächlich Hindus waren, daß er beschloß, 1984 eine große Evangelisation in einem der indischen Wohngebiete durchzuführen.

Als er spät abends das Flugzeug bestieg, war er sehr müde; und obwohl er wußte, daß er sich selbst bis zum Letzten verausgabte, war ihm auch klar, daß er so weitermachen mußte, denn sein großer Auftrag mußte ausgeführt werden.

Einige Tage war er nun in Witfield und konnte sich den Fortschritten des großen Zeltes widmen. Der in KwaThema für das Zelt ausgesuchte Platz lag unmittelbar neben einer sehr großen Wohnsiedlung. Außerdem gab es anschließend auch genug Raum für parkende Fahrzeuge. Es war beschlossen worden, für diese Probe-Evangelisation neun der zwölf Masten des Zeltes aufzustellen, und man war in KwaThema eifrig an der Arbeit. Der August ist auf dem Hochland nicht mehr die richtige Zeit für Evangelisationen, denn es gibt bitter kalte Abende. Doch Reinhards voller Terminkalender ließ keine andere Möglichkeit mehr zu, sonst hätte es vor der offiziellen Einweihung des Zeltes, am 18. Februar 1984, überhaupt keine Möglichkeit mehr gegeben für eine Probearbeit.

Obwohl also alle Aufmerksamkeit auf die KwaThema-Arbeit gerichtet war, verabschiedete sich Reinhard wieder einmal von seiner Familie, um nach Amsterdam zur Billy-Graham-Konferenz über Evangelisation zu fliegen. Reinhards Erwartungen waren groß. Nicht nur, weil er die Gelegenheit bekam, dort zu sprechen, sondern weil er hoffte, in Amsterdam so viele Evangelisten wie möglich aus Afrika kennenzulernen. Sein Wunsch, diese Männer zu treffen, hatte mit bestimmten Erfahrungen zu tun, die er während seiner Märzreise in die USA gemacht hatte. In ihm begann eine neue Idee zu reifen. Er dachte über eine Evangelisations-Strategie nach. Afrika war das Erntefeld, auf das Gott ihn gerufen hatte. Doch trotz der großen Wirksamkeit seines Dienstes war ihm klar, daß er für diese Auseinandersetzung mit dem Teufel Verbündete brauchte. Er wollte gleichgesinnte Männer treffen, seine Vision mit ihnen teilen, ihr Vertrauen und ihre Zusammenarbeit gewinnen.

Während seiner USA-Reise hatte er in Tulsa, Oklahoma, auch den bekannten Evangelisten T. L. Osborn besucht, der ebenfalls Evangelisationserfahrungen in Afrika, besonders in Nigeria hatte. Osborn und er hatten sich zwei Stunden über ihre Erfahrungen, Hoffnungen und Zukunftspläne unterhalten. Diese Unterhaltung hatte Reinhard im Blick auf seine Pläne sehr angeregt. Die beiden Männer schieden im Geist der Liebe und Partnerschaft voneinander. Ehe Reinhard Osborns Büro verließ, bat er den großen Evangelisten, für ihn zu beten. ,,Nein, Bruder", antwortete Osborn, ,,bete du für mich." Der Amerikaner war beeindruckt von seinem deutschen Evangelisten-Bruder und der Größe seiner Vision für Afrika. Er sah in ihm nicht einen Durchschnittsprediger, sondern einen Mann mit klarem Ruf und der besonderen Salbung Gottes auf seinem Dienst.

Reinhards Plan wurde deutlicher, als er in Dallas in Schwester F. Lindsays ,,Christ for the nations"-Institut sprach. Er begegnete hier den Studenten, von denen viele aus afrikanischen Ländern kamen. Reinhard lud sie ein zu einem Frühstück in das Holiday Inn-Hotel. Während sie bei dieser Gelegenheit Gemeinschaft pflegten, war Reinhard von dem Verlangen der Studenten beeindruckt, Afrika für Jesus zu gewinnen. Der Heilige Geist kam so mächtig über alle, daß sich zum Erstaunen des Hotelpersonals das Frühstück in eine Lob- und Preisversammlung verwandelte.

Aus der Begegnung mit Osborn und der Unterhaltung mit den Studenten erwuchs ein Plan. Reinhard wollte im Oktober 1984 eine

Konferenz der 600 bekanntesten Evangelisten Afrikas in Swasiland zusammenrufen; und typisch für Reinhard sollte sie Fire-Konferenz (Feuer-Konferenz) heißen. Mit diesem Konferenzplan im Herzen fuhr Reinhard nach Amsterdam und begann sofort, mit den dort anwesenden afrikanischen Evangelisten Kontakt aufzunehmen. Als er in einer Versammlung von seinem großen Zelt sprach und ausrief: ,,Wir beabsichtigen, mit dem großen Zelt von Kapstadt bis Kairo zu . . .‘‘, stand ein ägyptischer Evangelist mit Notizbuch und Kugelschreiber in der Hand auf, unterbrach ihn und fragte: ,,Sag mir, Pastor Bonnke, wann wirst du in Kairo eintreffen?‘‘

Die Amsterdamer Konferenz war auch seine erste Gelegenheit, Dr. Billy Graham zu treffen, der Reinhard mit seinem Wissen über das CfaN-Werk überraschte. Er bemerkte, er habe auch schon einen Bericht über Reinhards Evangelisation in Finnland erhalten. Reinhard war erfreut, den Mann kennenzulernen, der in den Jahren seiner Evangelistentätigkeit zu Millionen gesprochen hatte.

Zurück in Afrika fand er alles bereit für die erste Arbeit mit dem großen Zelt. Am Sonntag, 31. 7. 1983, hatte Reinhard nur mit dem gesamten CfaN-Team eine interne Versammlung mit Abendmahl im Zelt. Das auf 100 Mitarbeiter angewachsene Team nahm sich im Riesenzelt seltsam aus. Es füllte gerade die drei ersten Reihen des Mittelblocks. Im Lobpreis und der Anbetung verloren sich ihre Stimmen in der mächtigen Zeltkathedrale. Die CfaN-Arbeit war in eine neue Dimension eingetreten.

Am darauffolgenden Abend war die erste Evangelisations-Versammlung im großen Zelt. Einige hundert Menschen übergaben nach dem Altarruf ihr Leben Jesus. Sie waren, wie Reinhard sagt, ,,die Erstlingsfrüchte der neuen Seelenernte für Afrika‘‘. Es war wirklich sehr kalt, und das hielt wohl viele Menschen zurück. Trotzdem wuchs die Besucherzahl von anfänglich 3000 auf etwa 7000 bis 8000 Menschen. Doch die Frucht der Arbeit war erstaunlich. Etwa 8000 Menschen füllten eine Entscheidungskarte aus. Obwohl der Besuch hätte besser sein können, war das Zeltteam mit seiner Probe sehr zufrieden. Es war Gelegenheit, die Lautsprechersysteme, das Licht und viele andere Dinge ordentlich auszuprobieren. Am Ende der Arbeit waren Reinhard und das gesamte Team recht froh. Viele praktische Erfahrungen wurden gewonnen. Sie waren überzeugt, daß die Einweihung und die anschließende Evangelisation in Soweto ohne Probleme verlaufen würden und vertrauten zuversichtlich auf ein volles Zelt.

Natürlich verschlang das große Zelt immer noch den Löwenanteil der CfaN-Finanzen, denn auch Bohrgeräte, Generatoren, Video-Ausrüstung und andere Dinge wurden noch benötigt. Reinhard war, wie üblich, zuversichtlich. Er meinte: ,,Gott bezahlt alles, was Er bestellt. Und das große Zelt ist nicht meine Sache, sondern Seine." Doch er ließ es nicht nur bei solchen Erklärungen, sondern machte überall, wo Gelegenheit war, den Menschen bewußt, welche Geldmittel für das Werk noch benötigt wurden.

Im Jahre 1983 wurden wertvolle Verbindungen mit christlichen Fernsehanstalten in USA geknüpft. Filme von großen CfaN-Evangelisationen wurden nach drüben gebracht und erregten großes Aufsehen. CBN, der größte christliche Fernsehsender in Amerika, wünschte dringend ein Interview mit Reinhard. Überall öffneten sich neue Türen. Als Barry Hon, ein Millionär aus Kalifornien, Reinhard während eines Besuchs in Südafrika kennenlernte und manches über die CfaN-Arbeit erfuhr, versprach er, dieses Werk in Amerika zu fördern und zu empfehlen. Reinhard läßt seither auch eine besondere Ausgabe seiner Zeitschrift ,,Revival Report" drukken, die für seine amerikanischen Gebetspartner gedacht ist und in Amerika ,,Africa Revival" heißt. Die Verbindungen nach Amerika schienen sich zu festigen, und die CfaN-Arbeit bekam mehr internationale Anerkennung.

19. Kapitel

LKWs für Afrika

Nach der KwaThema-Arbeit flog Reinhard mit einem kleinen Team für drei Tage zur Evangelisation nach Kampala/Uganda. Als er im Kampala-Flughafen zur Paßkontrolle ging, las er auf einem Schild, daß Besucher bestimmte Impfbescheinigungen brauchten, die er nicht hatte. Innerlich betend ging er zum nächsten Schalter und reichte dem Beamten seinen Reisepaß. Der Mann blickte Reinhard an, strahlte und rief: ,,Pastor Bonnke! Preis dem Herrn!'' Mit den Papieren gab es natürlich keine Probleme.

Von Anfang an war Reinhard tief bewegt von der Hingabe und Treue der Christen in Kampala. Er wohnte dort bei einem sehr hohen Regierungsbeamten. Dieser konnte ihm manche packenden aber auch Gänsehaut erzeugenden Geschichten über Idi Amins Terrorherrschaft erzählen. Da er auch während der Aminzeit einen einflußreichen Platz in der Regierung eingenommen hatte, waren viele seiner Berichte selbst erlebt.

Während Amins Schreckensherrschaft wurden mehr als eine Million Menschen ermordet. Christen mußten oft den stärksten dämonischen Haß dieses Mannes ertragen. Inmitten dieses Gemetzels hatte Reinhards Gastgeber überlebt und unter größtem persönlichen Risiko ungezählte Christen vor dem Tod bewahrt. Idi Amin duldete einen Teil der alten Kirchen, verfolgte aber fanatisch die pfingstlichen und evangelikalen Gruppen. Hausversammlungen waren verboten. Wenn die gefürchtete Geheimpolizei in ein Haus eindrang und Menschen mit Bibeln oder im Gebet vorfand, wurden sie verhaftet. Erstaunlicherweise war Reinhards Gastgeber während dieser Zeit der leitende Beamte für religiöse Angelegenheiten gewesen. Wenn er erfuhr, wann und wo die Geheimpolizei wieder einmal Razzien durchführen wollte, ließ er der betreffenden Hausgemeinde eine geheime Botschaft zukommen, so daß diese Menschen fliehen konnten.

Die Drei-Tage-Evangelisation war weithin publik gemacht worden. Reinhard und seine Mitarbeiter waren aber erstaunt, weil sie so wenige von den vielen hundert Plakaten sahen, die sie vorausgesandt hatten. Sie hatten erwartet, an den meisten Straßenecken welche zu finden. Als sie die Organisatoren danach fragten, hörten sie Überraschendes. Da christliche Literatur im Lande so rar ist und die CfaN-Plakate so attraktiv waren, hatten viele Christen sie wieder heruntergenommen, unmittelbar nachdem sie angeklebt worden waren. Sie dekorierten ihre Wohnungen damit.

Trotz des Verlustes der Plakate wußten die Leute von Kampala bald, daß Bonnke und sein Team in der Stadt waren. Die Versammlungen sollten auf dem großen Hauptplatz der Stadt durchgeführt werden, einen Steinwurf vom Obersten Gerichtshof des Landes entfernt. Von Anfang an offenbarte sich Gottes Kraft. Es gab viele Heilungen, Krücken wurden weggeworfen. Eine Frau berichtete unter Tränen, daß ihre kleine blinde Tochter jetzt sehen konnte. Die Massen jubelten. Es war eine wunderbare Versammlung. Überall spürte man die Auswirkungen dieses Segens. Doch mußte am Samstag die Nachmittagsversammlung ausfallen, weil die Richter des Obersten Gerichtshofs sich beschwert hatten, daß der Lärm der Versammlung ihre Verhandlungen so störte, daß sie diese unterbrechen mußten.

Zum letzten Gottesdienst am Sonntagnachmittag waren 6000 Menschen auf dem Platz. Während er predigte, sah Reinhard schwarze Wolken heranziehen. Da er den Altarruf nicht versäumen wollte, kürzte er seine Predigt ab. Hunderte übergaben ihr Leben Jesus. Reinhard hatte kaum ,,amen" gesagt, als die ersten riesigen Tropfen fielen. In kurzer Zeit waren die Menschen durchnäßt. Reinhard und einige Pastoren hatten sich in ein Auto geflüchtet und erwarteten, die Menschen würden auseinandergehen. Doch deren Ansicht war einfach: Wir können ja nicht noch nässer werden als wir schon sind. Der Anblick der durchnäßten Menschen bewegte Reinhards Herz. Er ging auf das Podium zurück und begann mit den Kranken zu beten. Trotz aller Verfolgungen und Nöte ist das Christentum in Uganda sehr lebendig. Die Menschen sind hungrig nach dem Evangelium, und als Diener Gottes konnte Reinhard sich nicht einfach von diesen wartenden und hoffenden Menschen abwenden.

Als Reinhard vor dem Heimflug durch den Flughafen ging, trat ein Beamter zu ihm und fragte: ,,Sind Sie Pastor Bonnke, der auf dem Stadtplatz gepredigt hat? Haben Sie ein Bibelwort für mich?"

„Ja", antwortete Reinhard. „Laßt uns aufschauen auf Jesus, den Anfänger und Vollender unseres Glaubens." Wie immer schob Reinhard jede persönliche Verehrung von sich.

Als das Flugzeug Höhe gewann, blickte Reinhard auf Kampala hinunter und suchte unbewußt einen Platz für das große Zelt. Der Reiseplan des großen Zeltes für Afrika wird manche Probleme bringen, wenn Reinhard sein Gesicht nordwärts wendet, dem Herzen des schwarzen Kontinents zu.

Es gab einen kurzen Aufenthalt im Hauptquartier mit einigen Gottesdiensten in Gemeinden. Einer davon fand in Christian City statt, wo Pastor Wolmarans ihm einen Scheck über etwa DM 60 000,— für die CfaN-Arbeit übergab. Dann reiste Reinhard wieder ab. Dieses Mal heimwärts nach Deutschland, wo er für den September eine Predigtreise zugesagt hatte. Abgesehen davon, daß er bei dieser Reise mehr Besucher sah als seit Jahren, wurde dadurch die Verbindung nach Amerika noch besser gestärkt. Pat Robertson, Präsident von CBN und Gründer des bekannten „700 Clubs" bedrängte Reinhard für ein Interview. Da Reinhards Terminkalender sonst keinen Raum ließ, wurde es über einen Satelliten aus von Deutschland nach USA vorgenommen.

Alle Vorbereitungen für das Interview waren getroffen. Wegen eines Versehens war das Studio nicht gemietet worden. Schnelle Telefongespräche zwischen Deutschland, USA und Südafrika klärten die Lage. Aber es wäre fast schief gegangen. Reinhard betrat das Studio in Stuttgart, wo die Techniker neugierig auf den Prediger warteten, für den eine Fernsehsatelliten-Verbindung über den Ozean hergestellt wurde, die es gewöhnlich nur für bekannte Politiker gab. Die Kosten für das 20-Minuten-Interview betrugen fast DM 60 000,—.

Das Interview begann problemlos. Pat Robertson wurde vom Heiligen Geist zu einer Bibelstelle in Joel geführt, wo Gott durch den Propheten sagt: „Ich will Meinen Geist ausgießen auf alles Fleisch." Zuschauer in USA warteten nun auf Reinhards erste Worte, der denselben Vers benutzte, obwohl er nichts von Pat Robertsons Einleitung gewußt hatte. Dieses Interview ebnete den Weg für viele Fernsehsendungen in USA und Kanada am Ende des Jahres. Bei der Gelegenheit trafen sich Reinhard und Robertson zum ersten Mal persönlich. Dies sollte für CfaN noch sehr wichtig werden.

In Deutschland spürte Reinhard ein neues Erwachen für geistliche Dinge. Sehr treu ist er Jahr für Jahr in sein Vaterland gefahren und hat die geistliche Dürre dort und in ganz Westeuropa oft recht schmerzlich empfunden. Doch dieses Mal gab es eine erfreuliche Überraschung, als er den echten Hunger für göttliche Dinge sah und vor allem viele junge Leute ihr Leben Jesus übergaben.

Während er im Audimax der Hamburger Universität predigte, wurde er von einem Mann unterbrochen, der von der Empore herunterschrie: ,,Demagoge! Demagoge!" Die Zuhörer waren schockiert, Reinhard aber nicht, denn er sah darin eine Herausforderung Satans. ,,Es war das Beste, was der Mann tun konnte, denn er hat mich erst richtig in Fahrt gebracht", sagte Reinhard. ,,Eine mächtige Salbung des Heiligen Geistes lagerte sich über die Zuhörer. Als ich predigte und die Menschen aufforderte, sich zu erheben und sich dadurch zu Jesus zu bekennen, erhoben sich viele, vor allem junge Leute, spontan von ihren Plätzen. Es war eine herrliche Versammlung. Die jungen Leute haben den Materialismus satt, sie möchten die Wirklichkeit des Lebens — und die ist nur in Jesus zu finden."

Zurück in Johannesburg wurde der Platz besichtigt, auf dem das Zelt für die Einweihung und die zweiwöchige Evangelisation in Soweto stehen sollte. Reinhard hatte kaum Zeit, den Koffer neu zu packen, da ging es schon mit seinem Geschäftsführer Peter Vandenberg auf eine vierwöchige kraftraubende Reise nach USA, Kanada und Deutschland, woraus die fruchtbarste Überseereise des Jahres wurde.

Je mehr sich das Jahr dem Ende zuneigte, um so dringender wurde es, an LKWs für den Transport des großen Zeltes zu kommen. Die Kosten dafür stiegen immer weiter. Auf etwa DM 4,5 Millionen wurde die Anschaffung der Transportflotte geschätzt. Ohne genügende Transportmittel war es unmöglich, das Zelt in einer größeren Entfernung von Witfield aufzustellen. Das große Zelt glich ohne die nötigen Transportmittel einem gestrandeten Wal bei Ebbe. Das Team betete und vertraute Gott, daß bis Ende Dezember Finanzen für 10 LKWs eingehen würden. Zwar war Geld für LKWs von mehreren Kirchen versprochen, und auch während der Konferenz ,,Jesus 83" in Durban war wiederum Geld dafür zugesagt worden. Doch mußten diese Gelder erst noch kommen. Die Frage war also wirklich dringend, als Reinhard und sein Geschäftsführer in der

Novembermitte auf die Reise gingen. In Kanada und den USA sollte es eine Reihe von Fernsehinterviews geben.

Der Empfang und die Reaktion in Amerika waren erstaunlich. Sie fanden, daß ihr Auftrag für Afrika und das große Zelt eines der Hauptgesprächsthemen unter den amerikanischen Christen war. Die Fernsehsendungen wurden ein großer Erfolg. Pat Robertson von CBN lud Reinhard zum Essen ein, so konnte er diesem feinen Gottesmann persönlich etwas von seiner Vision für Afrika erzählen. Robertson versprach CfaN einen ansehnlichen Geldbetrag für 1984, und ein anderer großer Betrag wurde sofort gegeben. So war also endlich Geld für die LKWs vorhanden. Doch der Herr hatte noch eine größere Überraschung bereit, als Reinhard die Rückreise in Deutschland für einige Versammlungen unterbrach.

Einige Monate früher hatte er von einer Flotte von LKWs gehört, die von der libyschen Regierung in Deutschland bestellt wurden, aber nur zum Teil abgenommen worden waren. Er ging zu der Firmenvertretung, die in der Nähe Hamburgs lag; und dort auf dem Hof standen die neuen dreiachsigen LKWs mit hydraulischen Winden. Die gesamte Ausstattung war für nordafrikanische Verhältnisse speziell verstärkt worden. Also genau das, was er brauchte. Als er die LKWs betrachtete, spürte er im Inneren ein Drängen des Geistes. Und er hatte sich nicht geirrt, der Heilige Geist führte ihn zu einem der besten finanziellen Geschäfte seines Lebens.

Die LKWs standen zum Verkauf, und zwar zum halben Preis. Sie brauchten nur neu gespritzt zu werden, da sie alle in nüchternem Militärgrün gespritzt waren. Da zu dieser Zeit auch der US-Dollar sehr hoch im Kurs stand und er in Amerika soeben Dollar bekommen hatte, bestellte er sofort sechs LKWs und zehn Anhänger.

Reinhard mußte lächeln, als er Gott für diese wunderbare Hilfe pries. ,,Die Schwerter der Revolution werden umgeschmiedet in Pflugscharen für das Evangelium. Wer weiß, vielleicht werden wir auf diesen LKWs eines Tages das Evangelium nach Libyen bringen'', meinte er. Mit diesem neuen Sieg und Segen für die CfaN-Arbeit endete das Jahr 1983.

20. Kapitel

Ein letztes Wort

Werk und Dienst von Reinhard Bonnke sind in den letzten Jahren erstaunlich schnell gewachsen. Große Segnungen sind dadurch entstanden, aber auch Probleme und Gefahren. Eine dieser Gefahren wird Reinhard verfolgen, bis er einmal vor Jesus steht. Es ist eine Gefahr, der er bisher immer aus dem Wege gegangen ist, seit ihm Erfolg und Popularität zugefallen sind — die Gefahr des Hochmuts.

Christen begehen oft den großen Fehler, Menschen auf Denkmäler zu setzen. Und wenn dann ihr strahlendes menschliches Heiligenbild durch die nagenden und fressenden Umstände des Lebens ein wenig von seinem Glanz verliert, fallen sie zusammen in ein Häufchen Verzweiflung und Enttäuschung.

Wenn man von den wunderbaren und ergreifenden Dingen liest, die durch Reinhard Bonnkes Dienst geschehen, ist man automatisch versucht, ihn auf eine besondere geistliche Ebene zu stellen. Wenn ein Mann mit seiner ansteckenden Begeisterung durch ein Dorf oder eine Stadt kommt, läßt er nachher hinter sich eine Schar von Anhängern und Verehrern zurück. Es sind diese Anhänger, die ihn ja auch gleichzeitig unterstützen, und sie müssen Hunderttausende sein in Afrika und dem Rest der Welt, die auf der anderen Seite für Reinhards Dienst die größte Gefahr darstellen.

Reinhard hat oft Mühe, das zu bleiben, was er ganz aufrichtig nur sein will, nämlich ein „Diener seines Herrn", und nicht dem Stolz zu erlauben, sich auf irgendeinem Gebiet seines Lebens oder Dienstes breitzumachen. Bis heute ist er den Pfeilen des Hochmuts immer mit Erfolg ausgewichen. Sein mitleidiges Herz, seine Offenheit für andere Menschen, sein lebendiger und wacher Verstand und sein Sinn für Humor sind seine Verteidigung. Diese Kombination und dazu natürlich seine persönliche Hingabe an den Herrn sollten es möglich machen, daß er nicht strauchelt. Sein schnelles Denkvermögen und sein Humor zeigen sich in folgender Geschichte, die sich im Auckland Park-Fernsehstudio in Johannesburg zugetragen hat, kurz vor der Aufnahme einer christlichen Sendung:

Ehe Reinhard vor die Kamera trat, begann er eine Unterhaltung mit einem der Diskussionsteilnehmer an der Fernsehrunde, einem bekannten Schauspieler, dessen besondere Qualifikation für diese Fernsehsendung war, daß er offen bekannte, Atheist zu sein. Der Mann war begeisterter Anhänger des Pferdesports. Es war etwa um die Zeit des Jahres, als Südafrikas berühmtestes Galopprennen, der „Durban July" bevorstand. Da der Schauspieler ein Mann von Welt war, fragte er Reinhard nebenbei, welches Pferd für ihn der Favorit in dem großen Rennen sei.

Reinhard sah die Gelegenheit, für Jesus ein Zeugnis abzulegen und sagte dem Schauspieler, er sei kein Spieler, der bei Pferderennen Einsätze mache; doch die Offenbarung Johannes rede von einem großartigen weißen Pferd. Der Mann war sofort interessiert, als das Pferd erwähnt wurde und stellte die Frage, auf die Reinhard gewartet hatte: „Können Sie mir sagen, wer der Jockey dieses Pferdes ist?"

Reinhard antwortete: „Sein Name ist der Treue und Wahrhaftige, Er ist der König aller Könige und der Herr aller Herren, Sein Name ist Jesus Christus."

Das war ein Pferd und ein Reiter, die mein Freund nie auf seinen Wettscheinen vorfand. Doch ich bete, daß der Heilige Geist ihn eines Tages in das Team des himmlischen Siegers bringen möge.

Es ist diese Schlagfertigkeit und der Sinn für Humor, stets mit dem nötigen Ernst beigemischt, die aus Reinhard einen so offenen und zugänglichen Menschen macht. Er weiß, daß er nicht vollkommen ist und wie jeder andere Christ zu kämpfen hat, um seinem Erlöser zu gefallen. Er bekennt: „Ich habe mich oft gefragt, warum Gott gerade mich so sehr segnet. Es gibt viel gebildetere Männer Gottes in der Welt, Männer, die ihr Leben Gott genauso ausgeliefert haben. Warum Er gerade mich erwählt hat ... ich weiß es nicht."

Da der Herr ihn nun einmal für eine so großartige Aufgabe berief, hat Reinhard den Ruf angenommen und verkündigt mutig und zuversichtlich: „Afrika wird gerettet werden." Dieser Ruf wird, darauf vertraut er, quer durch Afrika, von Kapstadt bis Kairo hallen. Und die Geschichte dieses Buches hat, wie die Apostelgeschichte, noch kein Ende, denn die Taten des Heiligen Geistes im Leben von Reinhard Bonnke und im großen Zelt haben gerade erst begonnen.

Eine persönliche Nachricht von Reinhard Bonnke:

Liebe Leser,
wenn Sie an diesem Buch Freude hatten und mehr über den Dienst von ,,Christus für alle Nationen'' wissen wollen, dann schreiben Sie bitte an die untenstehende Adresse. Ich möchte Sie alle einladen, mit mir daran zu glauben, daß Afrika gerettet wird. Ihre Gebete und Ihre Unterstützung sind kostbar in den Augen unseres Herrn Jesus Christus.

Reinhard Bonnke
Christus für alle Nationen
Postfach 1252
D-7033 Herrenberg

Aktuelle Bücher —
man muß sie gelesen haben!

GEISTERFÜLLTES TEMPERAMENT Tim LaHaye

Tim LaHaye, vielen schon bekannt durch sein Buch ‚Der Anfang vom Ende", zeigt in „Geisterfülltes Temperament" in gewohnter Meisterschaft, wie seelische Nöte und Probleme der Menschen (Zorn, Groll, Spannungszstände, Unruhe, Furcht, Depressionen usw.) ihre Ursachen oft im Temperament haben, und wie in diesen Problemen auch die Wurzeln vieler physischer Krankheiten zu suchen sind. Doch das Buch bleibt hier nicht stehen, sondern zeigt auch den Weg, wie d ese Probleme, unter denen die Menschheit vor allem in unserer Zeit so sehr seufzt, durch das Wirken des Heiligen Geistes im Leben des Menschen gelöst werden können. Gerade heute ist dieses Buch nötiger als je, denn es gibt Antworten, wo der Psychiater oft nur Feststellungen treffen kann.

Art.-Nr. 20 058   178 Seiten   **DM 14,80**

DER ANFANG VOM ENDE Tim LaHaye

Die gegenwärtige Generation der Menschheit ist die letzte — zu dieser Überzeugung ist der Autor nach langjährigem Studium der gegenwärtigen Ereignisse im Licht des prophetischen Wortes der Bibel gekommen. Dr. LaHaye beginnt mit der Endzeitprophezeiung Jesu aus Matthäus 24 und ergänzt und vergleicht sie mit den Prophezeiungen von Daniel, Hesekiel, Paulus und Johannes. Themen wie die Entrückung, der neue Weltkrieg, Israel, der neue Tempel, der Angriff aus dem Osten, der große Abfall, die Arche Noahs, die ökumenische Kirche, die unvereinten Nationen, die letzte Generation usw. werden hier klar von der Bibel her besprochen und beantwortet. Das Buch ist so geschrieben, daß Gläubige und Ungläubige gleichermaßen davon profitieren können.

Art.-Nr. 20 056   184 Seiten (Paperback)   **DM 13,80**

OFFENBARUNG DES VERBORGENEN R. Douglas Wead

Ist es möglich, Informationen zu erhalten, die man durch die fünf menschlichen Sinne bzw. durch andere normale menschliche Möglichkeiten nicht bekommen kann? Wenn ja — wie ist es möglich? Durch übersinnliche menschliche Fähigkeiten? Durch dämonischen Einfluß und okkulte Praktiken? Durch Gott, der, wenn Er es nötig findet, dem Menschen Verborgenes offenbart, wie z. B. den Propheten im Alten Testament? Wenn Gott es heute noch tut, auf welche Weise tut Er es? Mit diesen und ähnlichen Fragen beschäftigt sich das Buch und zeigt dabei etwas von den Möglichkeiten der Gaben des Heiligen Geistes.

Art.-Nr. 20 066   148 Seiten   **DM 9,95**

MIT DEM HEILIGEN GEIST AN'S ZIEL Georg Steinberg

Jeder Christ weiß, daß er in der heutigen so verwirrten Zeit ohne die Führung des Heiligen Geistes nicht auskommen kann. Dieses Buch zeigt uns anhand der Brautwerbung des Elieser für den Sohn seines Herrn in biblisch fundierter Weise, wie der Heilige· Geist die Gemeinde Jesu führen kann und will, wenn wir uns Ihm anvertrauen. Die Notwendigkeit und Möglichkeit solcher Führung auch im Leben des einzelnen wird uns groß gemacht und auch gezeigt, wie der Heilige Geist uns ausrüsten will. Jeder Christ wird das Buch mit viel Gewinn lesen.

Art.-Nr. 20 095   110 Seiten (Taschenbuch)   **DM 7,80**

Preisänderungen vorbehalten.

DER AGENT DES SATANS   Mike Warnke

Das Buch, welches Sie in der Hand haben, weißt auf den in der heutigen Zeit rapide wachsenden Okkultismus hin und bezeichnet ihn als eines der wichtigsten „Zeichen der Wiederkunft Christi". Jedem, der mehr über die satanische Wirklichkeit und die riesige Gefahr des Okkultismus wissen möchte, kann man Mike Warnkes „DER AGENT DES SATANS" nur empfehlen. Es gibt unseres Wissens kein Buch, welches so realistisch schildert, „was wirklich dahintersteckt", wie dieses. Dies ist allerdings kein Wunder, denn der Autor war selbst dabei. Noch beeindruckender ist aber dann sein Bericht darüber, wie vor der Erlösermacht Christi und der Kraft des Heiligen Geistes die Mächte des Bösen weichen müssen. So wird dieses Buch zu einem mächtigen Zeugnis der Gnade und Kraft Jesu Christi.

Art.-Nr. 20054   224 Seiten   **DM 13,80**

DER WANDERER GOTTES   Ellen Gunderson Traylor

Das ist die Geschichte eines Mannes, der es unter dem Eindruck eines sein Leben umwandelnden Erlebnisses wagt, sich gegen Religion, Überlieferungen und Sitten seiner Gesellschaft aufzulehnen, alle Sicherheiten hinter sich zu lassen und in die Ungewißheit eines Neuanfangs zu gehen. Mit dem Leben Abrahams, denn er ist der „Wanderer Gottes", wird uns ein gewaltiges Panorama der alten Welt entrollt. Wir werden nach Ur, Damaskus, Sodom und Ägypten geführt und lernen auch ein Stück des Lebens der Nomaden kennen. Gleichzeitig ist es aber auch die Geschichte der Geburt eines Volkes, das später „Gottes Volk" genannt wird, nämlich Israels. Sie sollten nicht versäumen, dieses Buch zu lesen.

Art.-Nr. 20084   366 Seiten (Paperback)   **DM 18,80**

ENTSCHEIDUNG AUF DEM KARMEL   William H. Stephens

Das ist die Geschichte Elias, des großen Propheten Israels, der als einzelner den Mut hatte, sich von Gott gebrauchen zu lassen, um gegen die bestimmende geistige Strömung seiner Zeit und gegen das israelitische Königshaus aufzustehen. Dabei kommt es zur gewaltigen Auseinandersetzung zwischen dem Gott Israels, dem Gott Abrahams, Isaaks und Jakobs, der durch Elia vertreten wird, und der heidnischen Baalsreligion, die von der phönizischen Königstochter Isebel, die Israels Königin ist, in Israel eingeführt wird. Diese Auseinandersetzung findet in dem dramatischen Gottesurteil auf dem Karmel seinen Höhepunkt. Ein ungeheuer packend erzähltes Buch. Sie sollten es unbedingt lesen. Auch als Geschenk gut geeignet.

Art.-Nr. 20029   312 Seiten (Paperback)   **DM 18,80**

SOLLTE GOTT KEINE WUNDER TUN?   Träff/Petman

Immer wieder hören wir in der heutigen Zeit unter aufrichtigen Christen die Frage, ob Gott doch noch einmal eine gewaltige Erweckung schenken wird. Dieses Buch hier ist die Geschichte einer großen Erweckung in unserer Zeit, die ein ganzes Volk bewegte. Es ist die dramatische Lebensgeschichte des finnischen Evangelisten Niilo Yli-Vainio. Durch ihn brach in Finnland eine gewaltige Erweckung aus, die noch andauert. Tausende fanden zu Christus, Wunder geschahen, Kranke wurden geheilt — und das alles heute!

Art.-Nr. 20090   142 Seiten (Paperback)   **DM 10,80**

Preisänderungen vorbehalten — Zu beziehen durch:

Leuchter-Verlag eG, Industriestraße 6—8, D-6106 Erzhausen, Postfach 1161
In Österreich: Buchhandlung der Methodistenkirche, A-1082 Wien,
Trautsongasse 8, Postfach 65